Karl Backfisch

Christus in einer atheistischen Welt

Verlag der
St.-Johannis-Druckerei
C. Schweickhardt
Lahr-Dinglingen

Meiner lieben Frau und Mitarbeiterin!

Dieses Buch ist eine Veröffentlichung der
TELOS-Verlagsgruppe.
TELOS-Taschenbücher und TELOS-Paperback-Ausgaben
sind »zielbewußt«, wegweisend und biblisch orientiert.
TELOS-Bücher können Sie unbedenklich weitergeben, sie
wurden verantwortlich ausgewählt.

ISBN 3 501 00109 6

TELOS-Taschenbuch Nr. 109
Umschlagbilder: Foto dpa

Gesamtherstellung:
St.-Johannis-Druckerei C. Schweickhardt, 763 Lahr-Dinglingen
Printed in Germany · 6110/1975

Inhalt

Vorwort

Das Buch ist aus vielen Begegnungen und Gesprächen mit Zeitgenossen aller Schattierungen entstanden. Darum atmet es, wenn ich vermeine, Frische und Lebensnähe.

Im einführenden Kapitel »Trends unserer Zeit« handelt ein Abschnitt vom Marxismus. Er sucht das Gespräch mit marxistisch eingestellten Angehörigen der jüngeren Generation, bietet zugleich aber eine Orientierungshilfe zur Begegnung mit ihnen. Freilich bedingt dieser Teil durch seinen systematischen Inhalt mehr Gedankenarbeit bei der Lektüre. Um der Allgemeinverständlichkeit willen werden christliche Begriffe, soweit möglich, in die Umgangssprache übersetzt. Aus dem gleichen Grunde sind viele Fragenkomplexe nur angerissen, um damit Denkanstöße zu geben.

Es wäre mir eine große Freude, wenn im Verlauf dieses verbindlichen Dialogs mancher zu einem neuen Verständnis seines Lebens durch einen persönlichen Kontakt mit dem unsrer Zeit weithin so unbekannten Christus herausgefordert würde. Seine einzigartige Solidarität gilt dem Mann von der Drogenszene nicht weniger als dem Marxisten, der den Mut aufbringt, sein ideologisches System kritisch zu hinterfragen, wie dem traditionellen Christen oder interessierten Außenseiter, der sich jedoch mit einer toten, nur konservativen Kirchlichkeit nicht zufriedengeben kann.

Trends unserer Zeit

Der Wohlstandsmaterialismus

Was mich persönlich betrifft, so kann ich ohne den christlichen Glauben weder einen Sinn im Leben noch in der Existenz überhaupt erkennen.
W. Maximow

Die Wahrheit, die als Opfer und Liebe offenbar wurde, macht uns ohne Gewaltanwendung frei; sie schafft eine neue, höhere Freiheit. *Berdjajew*[1]

Vor Jahren hatte ein Wochenmagazin eine Meinungsumfrage mit jenem etwas herausfordernden Schlagwort »Glauben die Deutschen noch an Gott?« veröffentlicht. Danach rangierte der Glaube an Gott, an Christus und seine Auferstehung bzw. ein Weiterleben nach dem Tod in ziemlich hohen Prozentsätzen. Inzwischen sind viele aus der Generation der noch kirchlich Gesinnten gestorben und jüngere andersdenkende Zeitgenossen herangewachsen. So dürfte der Prozentsatz, wenn er heute nach einer entsprechenden Umfrage errechnet würde, sehr viel nüchterner ausfallen.

Die Tendenz zur Distanzierung vom christlichen Glauben ist in der deutschen Geistesgeschichte spätestens seit Nietzsche mit seiner Verkündigung des »toten Gottes« eingeleitet worden. Die Äußerungen dieses brillanten, aber eben antichristlichen Philosophen zeigten sozusagen nur die Spitze eines Eisbergs an, der nun mit der massiven Hinwendung der Massen zum Materialismus in Erscheinung tritt. Eine Parallele dazu ist die Schwerpunktverlagerung ins Anthropologische, in die Frage nach dem menschlichen Selbstverständnis, seitens der Existenztheologen, wobei dann Christus nach seiner Entmythologisierung nur noch eine Chiffre für Mitmenschlichkeit darstellt. Sein Sühnetod und seine leibhaftige Auferstehung müssen einer zeitgemäßen Daseinsdeutung weichen. Durch diese Reduzierung, die im wesentlichen das Christusbild betrifft, erleiden die Volkskirchen einen ganz erheblichen Substanzverlust, was sich weniger in einer Austrittswelle als in einer Indifferenz den kirchlichen Veranstaltungen gegenüber äußert. Skepsis in den Reihen der Intelligenz und Arbeiterschaft herrscht denn auch in ihrem Verhalten zu den Kirchen und ihren Erscheinungsformen.

Nach dem Zusammenbruch des NS-Regimes stellte sich zunächst eine Haltung des Zweifelns allen bisherigen, vorwiegend nationalen Werten gegenüber ein. Die Einstellung jener ersten Nachkriegsgeneration war denn auch Distanz zu allen überlieferten Traditionen.

Seit dem wirtschaftlichen Wiederaufschwung in den fünfziger Jahren hat sich dann ein anderes Lebensgefühl gebildet. Die technischen Errungenschaften unserer Zeit wurden allmählich zu puren Selbstverständlichkeiten: Wasch- und Geschirrspülautomaten, Kühlschränke und Fernsehgeräte, Autos und der ganze moderne Komfort! Der Konsum von Alkohol (zur Zeit rechnet man mit 5000000 Alkoholikern und einem entsprechenden Jahresverbrauch von 27000000000,– DM), Nikotin und Drogen hat enorm zugenommen. »In der Bundesrepublik gibt es eine Million Suchtkranke, der Anteil der Frauen liegt bei 16 %, die Tendenz ist steigend.«[2]

»Bis 1980 dürfte mit 60000 Drogeninvaliden zu rechnen

sein.«[3] Aus der Unpersönlichkeit der städtischen Wohnblocks und den harten Anforderungen der Leistungsgesellschaft flieht ein Großteil der jungen Leute in Rock-Festivals, harte Drogen und Rockerkriminalität, um dem emotionalen Erlebnismangel der industriellen Arbeitswelt zu entgehen. Die Annehmlichkeiten der Konsumgesellschaft machen für unsere Zeitgenossen den Sinn des Lebens aus.

Damit war bis vor kurzem ein Fortschrittsglaube, der nach der Katastrophe von 1945, wenigstens bei uns in Deutschland, darniederzuliegen schien, verbunden. Weltraumfahrt, Herztransplantation, die ganze technische Perfektion waren vielen in den Kopf gestiegen. Selbst Wissenschaftler haben sich sehr optimistisch über die Zukunftsmöglichkeiten geäußert. Einer drückte sich so aus: »Die Weltanschauung des Kernzeitalters hat für Gott keinen Platz. Der Mensch von heute findet keinen Gott in seinem Reaktor, auch findet er keinen, wenn er durch das Fernrohr blickt. Gott ist weder unter den herumsausenden Elektronen, noch ist er im Weltenraum zu sehen.«[4] Ein Säkularismus, eine verdiesseitigte Weltanschauung, die unfähig zu einer geistigen Daseinsform ist, beherrscht die Massen. Gilt jenes selbstgewisse Glaubensbekenntnis nur in den atheistischen Ländern und nicht auch für den Westen: »Ich glaube an den Menschen, den allmächtigen, Schöpfer aller Werke, und an die Technik, die alles beherrscht«?

Inzwischen scheint an die Stelle des technischen Optimismus eine allgemeine Ratlosigkeit der weiteren Entwicklung gegenüber zu treten. Wissenschaftler haben Untersuchungen angestellt über die Zukunftsaussichten der Menschheit im Blick auf die Bevölkerungsexplosion und das drohende Verlöschen der Rohstoffe. Das Buch von D.

Meadows »Die Grenzen des Wachstums« hat über den engeren Kreis der Fachwissenschaftler hinaus bei der Allgemeinheit wie eine Bombe eingeschlagen. Der Verfasser gehört dem Club of Rome, einem Zusammenschluß von etwa 80 Gelehrten aus dreißig Ländern an, der die infolge der industriellen Abwässer und -gase um sich greifende Umweltverschmutzung bzw. -vergiftung untersucht hat. Das Ergebnis ist, schlicht gesagt, daß als Folge der Bevölkerungsexplosion (die Menschheit vermehrt sich innerhalb immer kürzerer Frist zwangsläufig immer schneller), schon in einem Jahrzehnt weiter um sich greifende Hungersnöte eintreten, weil die Anbauflächen für die wachsenden Massen nicht mehr ausreichen. Weitere Aussichten: Um die sich vermehrenden Milliarden der Erdbevölkerung zu versorgen, müßten immer mehr Rohstoffe abgebaut und verarbeitet werden, was aber wieder zu deren schnellerem Verbrauch und zu noch größerer Umweltverschmutzung führen würde. Man rechnet, daß in zwanzig Jahren die Ölvorräte erschöpft sind. Eine andere Konsequenz ist der aufgrund der Industrievergiftung in vierzig bis fünfzig Jahren eintretende biologische Tod der Meere; der der Flüsse dürfte schon vorher erfolgt sein. Ohne Meerwasser, das den Sauerstoffgehalt der Atmosphäre reguliert, ist aber Leben unmöglich.

Um diese bedrohliche Entwicklung noch in den Griff zu bekommen, müßten ungeheure finanzielle Aufwendungen gemacht werden. Vor allem wäre aber in der Einstellung der einzelnen eine geistige Umwälzung kopernikanischen Ausmaßes« (Meadows) notwendig. Nach G. R. Taylor »stehen wir in einer Krise unseres gesamten Wertsystems«. Max Piccard fordert ein völliges Umdenken von Industrie und Verbrauchern, »ein Umdenken, das den Götzen Konsum von seinem Sockel stürzt und die Dinge wieder einfacher gestaltet«. Also: Konsumverzicht und Abbau des Wachstumsfetischismus (Wachstumsanbetung)! Wer wagt aber mit einem solchen Umschwung zu rechnen bei dem allgemeinen Materialismus, der nicht zu einem Opfer für die vom Hungertod Betroffenen bereit ist? Ist es nicht tragisch zu sehen, wie der Mensch sich selbst das Grab schaufelt, auch wenn durch das sogenannte Gleichgewicht des Schreckens für die nächsten Jahre eine Nuklearkatastrophe vermieden werden sollte!?

Letzten Endes liegt es an dem auf den eigenen Profit gerichteten »partikularen Denken«, das die Katastrophe als unabwendbar erscheinen läßt. Die unglücklichen Verhältnisse könnten bei allgemeinem guten Willen wohl noch geändert werden. Woran der Mensch zu scheitern droht, ist jedoch die ungelöste anthropologische Frage, die mangelnde Bewältigung seiner Existenzkrise.

Infolge der Loslösung von Bibel und christlichem Glauben ist es um die ethische Seite unserer Zeit schlecht bestellt. Die Wohlstandsmentalität ist durch den rapiden Abbau der Autorität und die Sexualisierung des modernen Lebensgefühls charakterisiert. Der Emanzipations-Trend landete bei O. Kolle und seinen enthemmenden Sexrezepten. In dem Maß als sich die Völker des Westens von ihrer christlich bestimmten Vergangenheit lösen, sinkt zwangsläufig auch ihre Moral. Deutlich wird das u. a. in dem Kampf gegen das Abtreibungsverbot. Nicht nur, daß materialistisch eingestellte Frauen demonstrieren: »Mein Bauch gehört mir!« Der Deutsche Bundestag hat nunmehr auch den gesetzlichen Schutz, der bisher dem keimenden Leben galt, durch die Einführung der sogenannten Fristenlösung abgebaut. »Die Preisgabe der geistigen Ausgangsposition christlichen Denkens im Bereich der Rechtsprechung ist der entscheidende Schritt zur Übernahme des materialistischen Leitbildes. Man versucht, den Arzt zum Tötungsfunktionär der Zeitideologie zu degradieren.«[5] Man hat errechnet, daß in einer Stadt wie Frankfurt bis 1980 mehr Gastarbeiterkinder wohnen werden als deutsche. »In einer Stadt wie Ulm kommen auf drei Sterbefälle zwei Geburten«[5], »1972 hat die Sterbequote in Deutschland bereits die der Geburten um 25000 übertroffen. 1973 hat sich das Babyminus gegenüber 1972 verdreifacht und damit einen alarmierenden Tiefstand erreicht.«[6] »Die Bundesrepublik und die DDR gehören der Statistik zufolge bereits zu den Ländern, die das Null-Wachstum erreicht haben.«[6a]

Was haben wohl unsre Politiker gedacht, als sie einem verantwortungslosen Zeitgeist ihr Opfer brachten? Wird nun eine spätere Regierung diesen Beschluß revidieren müssen, nur um die biologische Existenz unseres Volkes zu sichern!?

Leider sind die westlichen Völker dabei, sich im Zuge der Säkularisierung (Verweltlichung) über die Gebote Gottes, die doch bisher der europäischen Gesetzgebung mit zugrunde lagen, hinwegzusetzen. Dafür ein Beispiel aus dem Alltag: In einem Volkshochschulkurs entbrannte eine heftige Debatte über § 218. Stimmen wurden laut wie: »Ach was, fünftes Gebot und Schutz des Embryos! Alles passé!« Die englische Leiterin demonstrierte ihre Zustimmung zu einer »freieren« Gesetzgebung etwa wie folgt: »Als Atheistin habe ich mich von dieser engstirnigen Moral längst freigemacht!«

Der moralisch bindungslose Freiheitsimpuls des autonomen Menschen ist der eigentliche Hintergrund eines Liberalismus, der da meint, die biblischen Ordnungen manipulieren und dem Zeitgeist anpassen zu können. Wie verhält sich aber eine solche Gesinnung zu der von uns allen geforderten und bitter notwendigen »Umwälzung von kopernikanischem Ausmaß«?

Ein Beispiel dafür, wie weit diese säkularisierte Einstellung den einzelnen bestimmt, sei folgender Bericht, der zum Lachen stimmen könnte, wenn er nicht gleichzeitig todernst wäre:

Der katholische Ruhrbischof Hengsbach fährt in ein Bergwerk ein, wie das evangelische Bischöfe auch gelegentlich tun. Der Bischof will die Kumpel einmal »vor Ort« aufsuchen, um ihre Probleme besser kennenzulernen. Unten kommt er mit einer kleinen Gruppe von Männern ins Gespräch.

Der Bischof: »Na, meine Herren, was machen Sie denn so am Sonntag?«

Die Kumpel: »Zuerst einmal schön ruhig frühstücken.«

Der Bischof: »Und dann?«

Die Kumpel: »Frühschoppen, Herr Bischof.«

Der Bischof: »Und was tun Sie danach?«

Die Kumpel: »Mittagessen und über Mittag in die Heia.«

Der Bischof: »Und wenn Sie geschlafen haben?«

Die Kumpel: »Bundesliga – Schalke 04.«

Der Bischof: »Und was kommt dann?«

Die Kumpel: »So ein richtig schöner Fernsehabend.«

Der Bischof: »Aber, meine Herren, gehen Sie denn gar nicht in die Kirche?«

Die Kumpel: »Aber, Herr Bischof, wir sind doch evangelisch.«

Der Bischof: »Was würde wohl Ihr Dr. Martin Luther dazu sagen«?

Die Kumpel: »Bleiben Sie uns bloß weg mit den Knappschaftsärzten, Herr Bischof.«[7]

Der Marxismus

Die Philosophen haben die Welt nur verschieden interpretiert; es kommt darauf an, sie zu verändern.
K. Marx

Seit zwei, drei Jahren ist bei uns eine ungeheure Bewegung im Gange. Die Menschen wenden sich ab vom Marxismus, sie fangen wieder an zu glauben. Ganz radikal. Fünfzig Jahre Kampf gegen die Religion haben nichts bewirkt, aber auch gar nichts. Wir begreifen jetzt, wir müssen uns zum Evangelium bekennen, dann werden wir die Verhältnisse ändern.
Wladimir Maximow[8]

Die totale Niederlage des nationalsozialistischen Deutschland hinterließ – wie bereits erwähnt – ein großes Vakuum. Die Erschütterung über den Zusammenbruch der Blut-und-Boden-Ideologie war gewaltig. Die Götter des vergangenen Regimes waren von ihrem weltanschaulichen Sockel gestürzt. Eine ernüchternde Götzendämmerung setzte in unserm Volk ein. Begriffe wie Vaterland, Nation, Einigkeit und Reich sind seitdem tabu. Unsere Historiker tun sich schwer damit, ihnen einen Stellenwert im geistigen Gefüge zu verleihen. Verbergen sich hinter ihnen überhaupt Werte? Oder sind sie am Ende gar als emotionale Schemen einer vergangenen Zeit anzusehen, die endgültig vorbei ist?

Die Tatsache, daß man mit diesen Begriffen entsetzlich Mißbrauch getrieben hat, läßt es verstehen, daß viele sie gänzlich aus ihrem Koordinatensystem (mathematisches

Ordnungsgefüge) gestrichen haben. So ist jedenfalls der Eindruck im Gespräch mit einem nicht geringen Prozentsatz unserer Zeitgenossen. Und in der Tat gibt es kein Volk in Europa, das einen solchen nationalen Zusammenbruch erlebt hat! Und doch kann der Mensch ohne weltanschauliche Orientierung auf die Dauer nicht leben. So war es verständlich, daß nach anfänglicher Skepsis im Zuge des Wirtschaftswunders Wohlstandsdenken und eine diesseitige materialistische Einstellung anstelle des früher überzüchteten Nationalismus bei der Mehrheit Platz griff.

Jedoch nicht bei allen! Progressive Studenten suchten nach einer ideologischen Ausrichtung und fanden sie bei linksgerichteten Philosophen wie Marcuse, Adorno, Jürgen Habermas u. a. Die Lenin- und Mao-Parolen an öffentlichen Gebäuden wiesen unübersehbar auf das neue Lebensgefühl hin. Mit nicht weniger Emotionalität (gefühlsmäßige Beteiligung) als wenige Jahrzehnte vorher schlug das weltanschauliche Pendel von radikal rechts nach radikal links aus. Eine mittlere politische Richtung unter den Studenten konnte sich zunächst infolge der terroristischen Methoden linker Politgruppen nicht behaupten. Es ist also nun geradezu ein modischer Trend, einen leichten oder stärkeren Linksdrall zu haben. Marcuse mit seinem Entwurf einer humaneren Gesellschaft hat dem vorgearbeitet: »Eine solche Gesellschaft existiert noch nicht; mehr denn je wird heute der Fortschritt zu ihr aufgehalten durch Gewalt und Unterdrückung . . . Gesetz und Ordnung sind überall und immer Gesetz und Ordnung derjenigen, welche die etablierte Hierarchie stützen.« Zur Umfunktionierung der Verhältnisse beruft er sich auf ein »Naturrecht auf Widerstand«.[9]

Es ist hier nicht der Ort, auf die Bedeutung von K. Marx hinzuweisen. Das ist in vielfältigen Veröffentlichungen erfolgt. Dafür hier nur die Stimme eines Historikers: »Indem Marx den Kapitalismus als historische Kategorie (Grundaussage) begriff, stieß er ein Tor zur Freiheit neuen Werdens auf; er hat die ›In sich ruhende Endlichkeit‹ (P. Tillich) der kapitalistischen bürgerlichen Epoche von der ihm zugänglichen Front her aufgebrochen. Indem er ›das Kapital‹ und seinen Drang zu immer weiterer Expansion als Akteur seines Zeitalters erkannte, hat er die Voraussetzung einer jeden Austreibung der Dämonen erfüllt: sie beim Namen zu nennen! Welcher Christ wollte leugnen, daß das notwendig war und ist! Marxens völlige Hingabe an die von ihm erkannte Berufung der Aufdeckung der Grundgesetze der kapitalistischen Gesellschaftsordnung war die an einen weltgeschichtlichen Auftrag.«[10]

Die religionskritischen Thesen von Karl Marx

Die gesamte revolutionäre Ideologie von Karl Marx beruht auf seiner Religionskritik. These 3 seiner acht Einwände gegen die Religion aus dem Jahre 1843 lautet: »Das Fundament der irreligiösen Kritik ist: Der Mensch macht die Religion, die Religion macht nicht den Menschen.«[11] Das religionskritische Konzept von Marx geht auf Feuerbachs anthropologische (die Menschheitsentwicklung betreffende) Deutung der Religion zurück, die er als Projektion (Übertragung) menschlicher Sehnsüchte in ein intelligibles Jenseits interpretiert. Der Gott des Menschen ist nach Marx das »Machwerk seines eigenen Kopfes«.

Kant hat bekanntlich die Unzulässigkeit von Gottesbeweisen nachgewiesen, was der Natur der Sache nach auch für den marxistischen Versuch gilt, die Nichtexistenz Gottes zu folgern. Die Philosophie kann zwar ihre Kritik an allem anmelden, was Menschen in religiöser Hinsicht denken, sich vorstellen, wollen und praktizieren, aber eines kann sie nicht: Gott als einer völlig anderen Seinsweise angehörig in ihre Schlußfolgerungen einbeziehen. Natürlich kann man das bezweifeln, aber man kann diesen Zweifel nicht mit wissenschaftlichen Mitteln stützen! Das hat uns doch J. Kant gelehrt! Es ist daher ein Kardinalfehler von Marx, daß er nicht zwischen Offenbarung (Transzendenz) und Religion als von Menschen gemachten Lehrsätzen und Praktiken unterschieden hat.

These 6 seiner Religionskritik besagt: »Das religiöse Elend ist in einem der Ausdruck des wirklichen Elendes und in einem die Protestation gegen das wirkliche Elend. Die Religion ist der Seufzer der bedrängten Kreatur, das Gemüt einer herzlosen Welt, wie sie der Geist geistloser Zustände ist. Sie ist das Opium des Volks.«[12] Dieser vielleicht bekannteste Satz aus Marx' Religionskritik, den Lenin noch als »Opium fürs Volk« vergröberte, hat leider seine teilweise Berechtigung in der mangelnden Bereitschaft und Fähigkeit frühkapitalistischer christlicher Kreise, die soziale Not der damaligen Zeit zu sehen und sich entsprechend zu engagieren.

Marx sieht das soziale Elend mitbedingt durch die religiöse Einstellung der Gesellschaft, die sie blind mache für die wirtschaftliche Notlage der Arbeiterschaft. Insofern spricht er vom »religiösen Elend« als dem Ausdruck des »wirklichen Elends«, das unbewußt zugleich die Protestation gegen die soziale Not darstelle. Er hat im viktorianischen England mit seinem Sechzehnstundentag und seiner Kinderarbeit äußerst traurige Auswirkungen einer christlichen Gesellschaft kennengelernt, um zu einem solchen Schluß zu kommen. Wird die soziale Seite mit durch die Schuld des Christentums vernachlässigt, so stellt sie in der Tat eine Anklage gegen den Geist Christi dar. Sieht man den christlichen Glauben nur als Illusion oder im besten

Fall noch als Mythos, so ist es verständlich, wenn man zu einer solchen sozialrevolutionären Sicht der Dinge kommt, die indessen nicht den wahren Kern der Sache trifft. Nicht der christliche Glaube als solcher ist am sozialen Elend schuld, sondern eine kapitalistisch orientierte christliche Gesellschaftsordnung, die sich damit in keiner Weise aufs Neue Testament berufen kann.

Selbst ein marxistischer Denker wie V. Gardavsky kann sagen: »Ein Marxist betrachtet die Religion nicht ständig und unter allen Umständen als ›Opium des Volkes‹«, denn Gott kann für den Christen »auch unmittelbar der Anruf zu einer gesellschaftlich und menschlich verantwortbaren Entscheidung für eine Tat sein. Dann verliert die Gottesvorstellung ihren traumhaften Charakter und ruft mit menschlicher Stimme das Handeln wach.«[13] Auch bei Gardavsky wird Gott noch nicht als eigene, dem Menschen gegenüberstehende, geschichtsmächtige Persönlichkeit verstanden, sondern als »schöpferische Tat, als Handeln aus innerer Notwendigkeit«.[14] Das sind indessen leichte Akzentverschiebungen im Religionsverständnis eines »Sozialismus mit dem menschlichen Antlitz«, wie es die Initiatoren des Prager Frühlings vertraten, zu denen der Genannte gehörte. Freilich entspringen sie immer noch einer anthropologischen bzw. atheistischen Geschichtsschau. Den christlichen Glauben in seiner Gesamtheit als einschläfernde Droge der Bourgeoisie zu interpretieren, ohne seine lebens- und zu manchen Zeiten auch gesellschaftsändernde Kraft zu sehen, stellt einen »blinden Fleck« im Auge des Sozialkritikers K. Marx dar. Man denke dabei nur an das Urchristentum und die verschiedenen Erweckungsbewegungen, deren geschichtliche Auswirkungen auch den Bereich des Sozialen erfaßten.

In These 7 von Marxens Religionskritik heißt es: »Die Kritik der Religion enttäuscht den Menschen, damit er denke, handle, seine Wirklichkeit gestalte, wie ein enttäuschter, zu Verstand gekommener Mensch, damit er sich um sich selbst und damit um seine wirkliche Sonne bewege. Die Religion ist nur die illusorische Sonne, die sich um den Menschen bewegt, solange er sich nicht um sich selbst bewegt.«[15] Gott ist also nach Marx nur ein Phantasieprodukt. Statt sich an einem himmlischen Übermenschen als Idealfigur zu orientieren, soll der Mensch nach Marx zu Verstand kommen und sich damit um sich selbst als seiner wirklichen Sonne bewegen! Hier kommt die aufklärerische Anthropologie Rousseaus vom »guten unschuldigen Naurwesen« zum Vorschein. Der optimistische, ja prometheische Glaube an die unversehrte Menschennatur bildet in der Tat den Kern der marxistischen Religionskritik. Ihr steht das christliche Menschenbild gegenüber, das nicht in einer so illusionären Weise von der Existenz spricht, sondern den Glauben an das Gute im Menschen als Blindheit für unsere wahre Situation beurteilt. Ohne persönliche Erneuerung durch Jesus Christus ist der Mensch nun einmal nicht in der Lage, sich selbstlos für das Gute einzusetzen. Erbringt nicht der Alltag zur Genüge den Tatbeweis dafür, daß der auf sich gestellte Mensch zu allen feinen und brutalen Gemeinheiten fähig ist?

Die Konzeption von Marx beruht auf der Vorstellung, eine Emanzipation des Menschen von allen sozialen, philosophischen, religiösen und sonstigen Bindungen verwirklichen zu können. »Durch die Revolution« soll der Mensch bis in seine sinnlich physiologische Konstitution hinein befreit werden.«[16]

»Sieht der Marxismus den Menschen vor dem Forum der Gesellschaft, der Geschichte, so meint er Gott ausklammern zu müssen, um dem Menschen die Initiative zurückzugeben, bzw. zu erhalten.«[17] Dieser soziologische Schluß erweist sich deshalb als illusorisch, da Marx nicht den Knick sieht, der nun einmal die menschliche Existenz bestimmt. Es ist im Grunde genommen eine idealistische Sicht, daß der Mensch die Verhältnisse ändern könne, wenn er nur einmal von der religiösen Optik (Sicht) als einer Scheinwelt befreit sei.

These 8 bringt nur die Folgerung aus den vorhergehenden Sätzen: »Es ist also die Aufgabe der Geschichte, nachdem das Jenseits der Wahrheit verschwunden ist, die Wahrheit des Diesseits zu etablieren . . .«[18] Dieses Postulat (Forderung) fußt auf der fiktiven (eingebildeten) Annahme, daß mit der marxistischen Religionskritik die Religion als solche erledigt sei. Marx kleidet seine Prämissen (Voraussetzungen) in glänzende Bonmots, um mit ihrer Brillanz den kategorischen Imperativ zur Veränderung aller Verhältnisse nach seiner Doktrin (Lehrmeinung) zu verbinden. Der Marx-Kenner W. Bienert urteilt zusammenfassend über Marx' Versuch einer Religionskritik wie folgt: »Eine Veränderung der Gesellschaft in Richtung auf das wirkliche Glück der Menschen setzt nicht die Aufhebung der Religion, sondern deren notwendendes Mitwirken voraus. – Der Marxsche Versuch einer philosophischen Aufhebung der Religion ist als Theorie aus dem Geist des 19. Jahrhunderts praktisch gescheitert und theoretisch überholt.«[19]

Der historische Materialismus

Marx knüpft in seiner Geschichtsauffassung an die Hegelsche Dialektik (gegensätzliche Entwicklung) an. Nach dessen Konzeption wird der Geschichtsablauf von einer allmächtigen Vernunft, dem Weltgeist, der sich von Stufe zu Stufe entfaltet, geleitet. Die Idee verwirklicht sich in dem Dreischritt von Thesis, Antithesis und Synthesis. Die geschichtlichen Entwicklungen werden also von gegensätzlichen Strömungen abgelöst. Die beiden konkurrierenden Kräfte werden ihrerseits in einer sie überhöhenden Synthese in der apersonalen Seinsphilosophie Hegels zusammengefaßt.

Dieses dialektische Schema wird von Marx auf sein volkswirtschaftliches System angewandt. Die Stelle der Idee nimmt nun die Gesellschaft ein. Dabei wird Hegels Dreitakt in die Marxsche Dialektik umgewandelt. Sein Konzept lautet vereinfacht so: Position: Urkommunismus am Anfang der Geschichte; Negation: Sklavenhalterklasse bzw. Einführung des Privateigentums, das von der Feudalgesellschaft bzw. Bourgeoisie geschichtlich abgelöst wird; Negation der Negation: Proletarische Revolution, die auf höherer Ebene den Urkommunismus wiederherstellt. Die historische Umwälzung zielt auf die Herbeiführung der klassenlosen Gesellschaft.

Marx meint damit jedoch lediglich den in der Geschichte vorhandenen ökonomischen Tendenzen zu ihrer Verwirklichung einen entsprechenden Anstoß zu geben, dessen sie im Gegensatz zu den Naturgesetzen bedürfen. Lenin hat dem später in seiner Lehre vom »dialektischen Materialismus« ein revolutionäres Programm gegeben. Hieß es doch schon im Kommunistischen Manifest: »Die Geschichte aller bisherigen Gesellschaft ist die Geschichte von Klassenkämpfen.« Wissenschaftlich läßt sich diese vereinfachte sozialpolitische Doktrin in keiner Weise halten. Marx hat denn auch dieses Konzept nicht aus dem Studium der Geschichte gewonnen. Es ist eine Deduktion (Ableitung) seiner sozio-ökonomischen Hypothesen

(Annahmen). »Marx war eben nicht historisch-kritischer Geschichtsforscher, dem es um die historische Wahrheit gegangen wäre, er war Philosoph, der die Geschichte von seinem Prinzip her in ein Prokrustes-Bett zwang.«[20] Nicht nur der Einzelmensch, sondern die ganze Gesellschaft ist danach von dem sozialpolitischen Gegensatz determiniert (vorherbestimmt). Das von Marx für allmächtig angesehene materialistische Entwicklungsgesetz steht als Motor hinter der Klassenkampftheorie. Es ist die heimliche Gottheit der Marxistischen Lehre, der säkularisierte Gott-Vater.

Genügend Historiker haben die Einseitigkeit dieser Geschichtsauffassung kritisiert. Theodor Steinbüchel nennt Marx' Theorie »eine fast unverständliche Vereinfachung der Geschichte, wenn man sie als den einzig bestimmenden Triebgrund des geschichtlichen Geschehens anspricht«.[21] Karl Löwith formulierte seine Kritik so: der historische Materialismus sei eine »Heilsgeschichte in der Sprache der Nationalökonomie«.[22] Franz Borkenau schreibt dazu: »Marx unternahm, gleich Fichte, Schelling und Hegel vor ihm, den titanischen Versuch, eine Gesamtantwort auf das Gesamtproblem des menschlichen Daseins zu geben; eine Antwort, die mit der dürren Formel des ›dialektischen Materialismus‹, auf die Lenin später die Marxsche Philosophie reduzierte, ursprünglich fast gar nichts zu tun hatte.«[23]

Der bekannte Satz von K. Marx: »Die herrschenden Ideen einer Zeit sind die Ideen der herrschenden Klasse«, stimmt also keineswegs so pauschal und voraussetzungslos, wie ihn sein Verfasser als brillantes Bonmot hinstellt. Um nur zwei Beispiele anzuführen: Wie läßt sich nach der Klassenkampftheorie die Entstehung des Christentums erklären? Es auf revolutionäre Umtriebe von Sklaven zurückzuführen, wie es marxistische Autoren tun, wäre doch ein allzu durchsichtiges Manöver! Oder was will man von dieser Sicht her zur Reformation sagen? Will man sie etwa auch nach den Gesichtspunkten der Klassenkampftheorie analysieren? Oder wie paßt das materialistische Schema auf Gestalten wie Napoleon oder Hitler? Die Geschichte ist viel reicher, als sie nach dem materialistischen Entwicklungsgesetz aussehen dürfte. Sie resultiert aus einer Fülle von Tendenzen, Kräften, Impulsen, Spannungen und Gegensätzen, und zwar nicht nur sozio-ökonomischen (gesellschaftlich-wirtschaftlichen) Ursprungs.

Was ist nach dieser Theorie von der Funktion des sogenannten »Überbaus« zu halten? Schon im Kommunistischen Manifest glaubte Marx feststellen zu können: »Die Gesetze, die Moral, die Religion sind für ihn (den Proletarier!) ebenso viele bürgerliche Vorurteile, hinter denen sich ebenso viele bürgerliche Interessen verstecken.«[24] Dazu noch eine andere klassische Stelle: »Mit der Veränderung der ökonomischen Grundlage wälzt sich der ganze ungeheure Überbau langsamer oder rascher um. In der Betrachtung solcher Umwälzung muß man stets unterscheiden zwischen der materiellen naturwissenschaftlich treu zu konstatierenden Umwälzung in den ökonomischen Produktionsbedingungen und den juristischen, politischen, religiösen, künstlerischen oder philosophischen, kurz ideologischen Formen, worin sich die Menschen dieses Konfliktes bewußt werden und ihn ausfechten.«[25]

Nach K. Marx ist also das gesamte geistige Leben letztlich eine Funktion sozialer und wirtschaftlicher Verhältnisse. Selbst ein so aufgeschlossener Marxist wie Machovec hält an dieser materialistischen Methodologie fest. »Zu deren Abc gehört die Lehre, daß die Entwicklungen und Wandlungen im Bereich des menschlichen Geistes, im Bereich der politischen, moralischen, religiösen und anderen geschichtlich entstandenen Ideen in letzter Instanz durch Entwicklungen, Widersprüche, Interessen und Wandlungen der sozial-ökonomischen Basis zu erklären sind.«[26] Freilich warnt er davor, die sozialökonomische Analyse geistiger Vorgänge allzu schematisch zu verwenden, »namentlich in bezug auf die Einzigartigkeit und die zentrale messianische Stellung Jesu Christi für die Menschheit.«

Marx glaubte, in der Aufhebung des Privateigentums, zumal wenn es im Besitz der Produktionsmittel ist, das Allheilmittel für die Gesundung der wirtschaftlichen, ja der gesamtmenschlichen Situation gefunden zu haben. So ist denn auch die Sozialisierung ein Hauptprogrammpunkt marxistischer Politik. Danach hat das Aufkommen der kapitalistischen, arbeitsteiligen Produktionsweise den Arbeiter zur »Entfremdung« geführt.

Man gewinnt beim Überdenken der Marxschen Konzeption den Eindruck, daß dessen Urheber sich im Privateigentum bzw. im Monopolkapitalismus eine Negativfigur, sozusagen einen sozioökonomischen Blitzableiter geschaffen hat, den er für seine materialistische Geschichtsschau benötigt. Zweifellos ging oder geht dem bourgeoisen System die Sozialverantwortung ab. Wo gäbe es je in der Welt eine Gesellschaftsordnung, die nicht einen Pferdefuß hätte? Jedoch dürfte in der sozialen Marktwirtschaft, wie wir sie in Deutschland haben, die Entfremdung, soweit diese durch wirtschaftliche Strukturen verursacht ist, doch in vieler Hinsicht korrigiert sein.

Sowohl das kapitalistische Fehlverhalten wie die marxistische Revolutionstheorie und -praxis wurzelt in der mitmenschlichen Entfremdung, ja der Wolfsgesinnung (John Hobbes), die die Menschen gegeneinander haben. Nach der Bibel resultiert diese aber aus der Abwendung von Gott, ja der Feindschaft gegen ihn. So kann als Ergebnis der Entfremdungstheorie nicht die Emanzipation (Befreiung) des Menschen gefolgert werden, sondern lediglich eine Verlagerung der Akzente auf eine Kollektivierung der Entmenschlichung.

Freilich vertreten Männer wie H. Gollwitzer nicht einen Revisionismus, sondern eine Art theologischen Kommunismus, wenn man Äußerungen wie folgende bedenkt: »Faktisch betätigen sich deshalb alle verantwortlichen Gruppierungen der sozialistischen Bewegung heute reformistisch. Die Alternative Reform oder Revolution ist abstrakt geworden; sie besteht nicht mehr exklusiv. Die Grenze zum Reformismus ist erst dann überschritten, . . . wenn Reformen zum Selbstzweck werden statt nach Erreichung eine Stufe für weiteres Vorwärtstreiben der Entwicklung auf die klassenlose sozialistische Gesellschaft hin zu sein.«[27] Er stellt sich auf den Standpunkt von G. Nenning, der schreibt: »Reformen oder Revolution – das ist keine Alternative für Sozialisten. Reformen statt Revolution – das ist eine Freude für Kapitalisten. Reformen und Revolution – das ist eine sozialistische Lösung.«[28] Der Berliner Theologe ist der Meinung, daß der Kapitalismus die bisher größte Revolution in der Menschheitsgeschichte sei, der deshalb mit Gewalt gestürzt werden müsse. Und das, wiewohl selbst ein so marxistischer Philosoph wie Marcuse revolutionäre Umstürze ablehnt, weil sie noch nie das Übel kuriert hätten!

A. Solschenizyn, der doch das kommunistische System aus ureigener Erfahrung kennt, äußert sich in seinem »Offenen Brief an die sowjetische Führung« radikal kritisch: »Die Ideologie, die uns als Erbteil zukam, ist nicht nur gebrechlich, nicht nur hoffnungslos veraltet, sondern sie hat sich auch in ihren besten Jahrzehnten in allen ihren Voraussagen geirrt. Sie war niemals eine Wissenschaft. Sie ist eine primitive, oberflächliche, ökonomische Theorie«.[29] Ja, er schreibt: »Nur mit der Habgier der einen und der Blindheit der andern und dem Bedürfnis der dritten, zu glauben, kann man jenen Zynismus des zwanzigsten Jahrhunderts erklären: wie eine derart belastete Lehre nach solchen Mißerfolgen im Westen noch so viele Anhänger hat! Bei uns sind es die wenigsten geblieben! Wir, die wir genügend davon gekostet haben, tun doch nur zwangsweise so . . .«[30] Auch der jugoslawische Systemkritiker Djilas spricht in seinem Buch »Die neue Klasse« davon, daß in der Schicht der Funktionäre sich eine neue privilegierte Elite gebildet habe, was doch dem marxistischen Gleichheitsprinzip zuwider laufen müßte.

Marx glaubt, daß die Gesellschaft, und das trotz ihrer Monostruktur, den »menschlichen Menschen« hervorbringen könne. Er vertritt auch eine Endzeiterwartung im Blick auf die klassenlose Gesellschaft, die er direkt in apokalyptischen Konturen zeichnet. Demgegenüber meint Machovec in kritischer Sicht: »Aber fünfzig Jahre nach einer marxistischen Revolution kann so gut wie niemand mehr so konzentriert und quasi-eschatologisch bloß erwarten, daß die Enteignung des Privateigentums . . . solche paradiesischen Folgen haben kann, ein absolut anderes Leben erzeugen kann und alle nur möglichen Schönheiten und Genüsse bald jedem zu bieten vermag.«[31] Und doch vertritt auch ein so aufgeschlossener Marxist wie Machovec eine utopische Anthropologie, wenn er von dem »Supremat (Überordnung) des Menschen« spricht, dem »Gegenideal zu Gott«.

Der Marxismus spricht deshalb so optimistisch von der Gesellschaft, weil er keinen Blick für die Radikalität des

Bösen hat, so daß sogar Gollwitzer, freilich in einer früheren Verlautbarung, von »einer reduzierten Sicht des Bösen«[32] spricht. Und Heinz-Horst Schrey konstatiert ganz eindeutig den Unterschied zwischen Marxismus und christlichem Glauben: ». . .Die Wahrheit über den Menschen erfahren wir erst, wenn wir ihn mit Gott konfrontieren. Es wird hier sichtbar, daß der Kommunismus nicht mit der menschlichen Sünde rechnet; denn darum geht es hier im letzten, wenn der Mensch eben doch immer auch sein Selbstinteresse im Auge hat und nicht zu der Selbstlosigkeit durchstößt, die der Kommunismus von ihm fordert. Man kann die Sünde nicht so geschichtlich relativieren, wie das der Marxismus tut . . . diese Ansicht ist zu vordergründig . . . Sünde ist anthropologisch tiefer fundiert, als dies der Marxismus wahrhaben will.«[33] Doch genug der kritischen Stimmen! Nur der scharfe Diagnostiker Kierkegaard sei noch zitiert: »Die Stärke des Kommunismus ist offenbar das in demselben dämonisch enthaltene Ingrediens (Bestandteil) von Religiosität, sogar christlicher Religiosität«.[34]

Jedoch muß zum Abschluß bei einer kritischen Würdigung von Karl Marx und seiner revolutionären Ideologie gesagt werden, daß er zu den großen Korrekturgestalten von welthistorischem Maßstab gehört. Er ist ein Gesellschaftskritiker ersten Ranges und hat mit seiner Kapitalismuskritik der westlichen Welt einen unschätzbaren Dienst erwiesen und auch einem Christentum, das sich über die sozialen Tagesfragen allzu schnell hinwegsetzt, einige bis heute bemerkenswerte Sätze ins Stammbuch geschrieben. Gleichzeitig muß festgestellt werden, daß seine Methode den Maßstäben strenger Wissenschaftlichkeit nicht entspricht, sondern zu einem wesentlichen Teil Ideologie, also Weltanschauung, und zwar atheistische

Weltanschauung darstellt. Er ist einer Monomanie der Sozialprobleme, d. h. dem Versuch, die ganze Geschichte aus der Sicht der Klassenkämpfe zu erklären, erlegen. Darum ist sein Name mit den blutigen Revolutionen, die seine Doktrin im Gefolge hatte, verbunden.

Der offene Marxismus, den Machovec, Garaudy, Gardavsky u. a. vertreten, bekennt sich zwar nicht mehr so entschieden zum Atheismus. Ja, er findet sich sogar zu einer gewissen Kritik an der eigenen sozialistischen Vergangenheit und auch am marxistischen System bereit. So kann Machovec im Anschluß an einen Satz Hromadkas: »Der Christ ist stark, wenn er mit der Kirche kämpft« sagen: »Ähnlich ist ein Marxist stark, wenn er mit der Bewegung, mit der Partei kämpft. Er muß etwas bewegen; ist er treu dem erstarrten System, dann verrät er die Bewegung . . .«[35] Was gäbe das für Perspektiven, wenn auch die führenden kommunistischen Ideologen sich einer solchen dynamischen und kritischen Sicht erschließen könnten!?

Bei manchen der Vertreter des »offenen Marxismus« findet sich eine überraschende Aufgeschlossenheit für die Gestalt Christi. So kann Machovec sich wie folgt äußern: »Die älteren Marxisten haben zwar immer Jesus in seinem Menschenschicksal für eine edle und sympathische Person gehalten und nach dem Motto ›reiner Träumer am Anfang – dicke Pfarrer heute‹ alle sympathisch klingenden moralischen Appelle des Neuen Testaments für die eigene Sache zu usurpieren (gewaltsam anzueignen) versucht; aber ein echtes Interesse an Jesus und seiner Lehre gab es unter ihnen fast nie.«[36] Und weiter: »Ein Atheist kann auch erkennen, daß es eine der größten Schicksalsstunden der Menschheits- und Menschlichkeitsgeschichte war, als Petrus entdeckte, . . . daß Jesus doch Sieger ist. Ich sage nicht, daß die meisten Marxisten es schon so klar artikulieren; ich kann nur bezeugen, daß Hunderttausende eben an der Schwelle dieser Erkenntnis stehen. Es hängt auch von den Christen ab, wie die Entwicklung weiter fortschreiten wird.«[37]

Es wird also auch an uns Christen liegen, wie das gewiß notwendige Gespräch mit Anhängern eines »offenen Marxismus« weitergeht. Auch in Deutschland gibt es unter den wachen jungen Leuten deren genügend. Was sie suchen, sind nicht in erster Linie nur christliche Bekenntnisse, sondern vor allem Äußerungen eines christlichen Humanismus und einer sozialen Gesinnung als Ausfluß der Liebe Christi, die sich auch des sozial Schwachen annimmt. So haben verantwortliche christliche Persönlichkeiten der wesleyanischen Erweckung nach langem Kampf die Abschaffung der Sklaverei, gewiß ein Schandfleck des sogenannten christlichen Abendlandes, erreicht. In dieser Hinsicht dürfte das christliche Engagement in den Kommunen und Ländern ein breites Feld der Betätigung finden.

Dann mag es wohl für viele Marxisten leichter sein, die Botschaft von Christus zu verstehen. So hat Sinjawskij im Blick auf seine Bibellektüre gesagt: »Wenn man die Tiefe erkennt, dann revidiert man vieles von dem, was man früher gemeint hat.«[38] Und weiter: »Wir haben lange genug über den Menschen geredet, jetzt ist es Zeit, wieder an Gott zu denken.«

Das wäre eine geistige Erneuerung als Bewußtseins-Veränderung aus der Kraft dessen, der das allein vermag!

Dazu der Bericht einer Volksdeutschen, die nach Rußland verschleppt war:

»1945 besetzten die Russen Schlesien, mein Heimatland. Da meine Mutter Volksdeutsche aus der Ukraine war, wurden wir im Uralgebirge angesiedelt. Dort ging ich auch zur Schule. Im ganzen verbrachten wir 20 Jahre in Rußland.

Als Kind glaubte ich an Gott, in der russischen Schule wurde ich jedoch im Zuge des kommunistischen Unterrichts zu einer Atheistin. Mein Menschenbild war das Darwinsche: der Mensch macht in einem langen Prozeß eine Entwicklung vom Anorganischen zum Organischen durch. Letztlich stammt er vom Affen ab. Der Gottesglaube war danach reinste Volksverdummung, ein Phantasiegebilde, aus Unwissenheit hervorgegangen. Die Kirche war ein Überbleibsel des Kapitalismus. Sie ist aus niedrigem Niveau heraus entstanden, da die Mehrheit des Volkes keine Schulbildung hatte.

Ich lebte also unter Atheisten. Nur die ältere Generation glaubte an Gott. Nachdem ich mich als Krankenschwester hatte ausbilden lassen, arbeitete ich drei Jahre in einem Krankenhaus. Nach dem Tode meiner Mutter besorgte mir mein Onkel aus Menschlichkeit ein Visum für Deutschland.

Die ersten Jahre in der neuen Heimat waren voller Sehnsucht nach Rußland, weil die hier herrschende materialistische Zivilisation mir völlig fremd war. Der Lebensstandard war für mich erschreckend hoch, die Menschen hatten jedoch nur ein Ziel, immer mehr zu besitzen. Das war grauenhaft! Ich begriff, daß die Leute einander nicht liebten, vielmehr entdeckte ich bei den meisten Neid und Haß. Es war einfach kein gegenseitiges Verständnis füreinander da.

Da ich keinen Sinn in meinem Leben mehr sah, überkamen

mich schwere Depressionen. Eine Kollegin kümmerte sich um mich und merkte, daß ich für Musik ansprechbar war. Sie machte mich mit klassischer Musik bekannt und hinderte mich so am Selbstmord. Nach einiger Zeit ging ich nach Berlin, um eine Massageschule zu besuchen. Dabei fiel mir wieder auf, daß viele nur deshalb den Beruf ergriffen, um viel Geld zu verdienen. In der Schweiz schenkte mir eine Christin eine Bibel, deren Lektüre mich ergriff.

Die ganze Zeit hatte ich nach dem Erlebnis echter Gemeinschaft gesucht. In Berlin lernte ich schließlich eine aktive Gruppe junger Christen kennen. Durch den Kontakt mit ihnen lernte ich nun auch, das Neue Testament mit innerstem Interesse zu lesen. Ich begriff die zentrale Stellung Jesu, ja seine Gottessohnschaft. So übergab ich ihm, der auch für mein Versagen gestorben ist, mein Leben.

Die moderne Verzweiflung am Sinn des Lebens

Wenn das Nichts die Mitte des Lebens ist, dann bleiben nur Sinnenglück und Alkohol. Hemingway

Was mich persönlich betrifft, so kann ich ohne den christlichen Glauben weder einen Sinn im Leben noch in der Existenz überhaupt sehen.
Maximow[38a]

Die ziellosen Menschen unserer Generation treiben oft einfach umher, weil die Gesellschaft ihnen so grenzenlos sinnlos erscheint; sobald wir sie dahin bringen, in dieser Welt Gott zu begegnen, hört ihr Leben auf, sinnlos zu sein. *Keith Bill*[39]

Von einer siebzehnjährigen Holländerin stammen folgende Verse, die auf deutsch lauten:

Hallo! sage ich zum Mond.
Aber er sagt nichts zurück.
Sollte er's nicht können?
Es ist ein Jammer, aber ich
habe niemand, dem ich
Hallo! zurufen könnte.
Nur der Mond ist da,
und der sagt nichts zurück.

Noch schmerzlicher brach die unbewältigte Existenznot bei jenem Studenten auf, der schon als Schüler in einer depressiven Anwandlung hervorgestoßen hatte: »Warum hat man mich nur in die Welt gesetzt!?« Er fand keinen Zugang zum Glauben seiner Eltern, sei es, daß er sich unbewußt an deren christlicher Lebenshaltung stieß oder dem materialistischen Trend seiner damaligen Arbeitskollegen unterlag. Als Student öffnete er sich den sozialrevolutionären Parolen linksgerichteter Hochschulgruppen. Auf die Sinnfrage angesprochen, gab er zur Antwort: »Ich sehe den Sinn des Lebens in meiner sozialen Funktion!« Das hieß, im Einsatz für die Reform der Universitäten und zugleich auch für minderbemittelte Kommilitonen. Indessen fand er doch wohl keinen rechten Sinn in dieser Tätigkeit; denn er griff zu Hasch und LSD und wurde schließlich darüber krank. Nach seiner Genesung schloß er sich der Transzendentalen Meditation an, die ihm in seiner persönlichen Not mindestens gegenwärtig eine Hilfe zu sein schien. Aber nunmehr ist die Frage nach Gott bzw. die Einmaligkeit der Person Jesu und die Bedeutung für die Lösung der Sinnfrage in seinem Leben wach geworden.

Gerade der junge Mensch erlebt in unserer Zeit eine unglaubliche Identitätskrise, d. h. er kann nicht zu sich selbst finden, er weiß nicht recht, wofür er eigentlich lebt. Dafür noch einige andere Fälle:

In einem Karlsruher Park fand ich einen jungen Mann, den ich im Gespräch auf die Möglichkeit einer Lebenserfüllung im Kontakt mit Jesus hinwies. In seiner Skepsis und Arroganz vermochte er meinen gutgemeinten Tip anscheinend nicht zu fassen und entgegnete mir: »Trotz meiner Ablehnung des Christentums und der kapitalistischen Welt bin ich durchaus ein suchender Mensch, gerade auch, wenn ich in meinem LSD-Trip nach höheren Welten trachte.«

Deutlicher noch tritt die Verzweiflung in folgendem Fall

hervor: Nicole sieht ein, daß ihr Körper das Heroin nicht mehr lange verkraftet, und sie weiß nach mehreren Versuchen, »daß bei mir eine Entwöhnung zwecklos wäre, weil ich nicht wüßte, wofür ich das aufgeben könnte; ich find's eben nur noch mit Stoff erträglich.«[40]

Francis Schaeffer zieht das Resumé der Drogenwelle mit folgender Feststellung: »Der eigentliche Grund, weshalb heute Drogen bewußt eingenommen werden, liegt nicht in der Wirklichkeitsflucht oder im Nervenkitzel, sondern in der Hoffnungslosigkeit der Menschen. Rationalität und Logik allein geben dem Leben keinen Sinn, und die Kultur verliert jeden Wert . . .«[41]

Eine Schülerin einer Hauptschule sagte mir, als ich sie auf den gesundheitlichen Schaden häufigen Zigarettenrauchens aufmerksam machte: »Ach, ist doch alles gleich, ob ich zwanzig Jahre früher oder später sterbe!« – In einem Mädchengymnasium antwortete die Klasse auf die Frage der Studienrätin: »Welchen Sinn hat das Leben?« – »Gar keinen!«

Aber nicht nur Drogensüchtige sind von der Existenzkrise ergriffen; auch andere, vor allem jüngere Menschen wissen nicht mehr, wofür sie leben.

Nach R. Erlers Fernsehstück »Sieben Tage« stellen überraschenderweise evangelische Gemeindepfarrer, Pfarrfrauen, Vikare, kirchliche Jugendleiter die größte in sich geschlossene Berufsgruppe dar, die bei der ärztlichen »Lebensmüdenbetreuung« in Berlin Hilfe suchen. In zahlreichen langen Gesprächen mit jüngeren Pfarrern stellt sich Erler diese Problematik umfassend dar als tiefer und immer stärker um sich greifender Zweifel an Sinn und Erfolg ihrer Arbeit, und das »in einer ignoranten Gesellschaft, die sich nur dem Namen nach christlich nennt . . .«[42] Die tiefe

Existenznot macht also gerade an der Führungsschicht der Kirchen nicht Halt.

Der Ausweg für viele ist oft leider ein Selbstmordversuch. Für 1974 erwartet man in der BRD etwa 14000 Selbstmordfälle, die sich damit der Zahl der Verkehrstoten nähern. In Großbritannien machen 50000 Menschen jährlich einen Selbstmordversuch. In USA ist die Freitodziffer dreimal so hoch wie in England. Täglich versuchen dort 1500 Menschen, freiwillig aus dem Leben zu gehen. Der Selbstmord ist in Amerika die Todesursache Nr. 2.

»Die Götzen der Ideologie und des Konsums sind zerbrochen. Es ist die Erfahrung aller Psychologen, daß der Zeitgeist die seelische Not des Menschen prägt. Zeitgeist heißt heute: Unverständnis dem Lauf des Weltganzen gegenüber, Angst vor dem Unbekannten und Unheimlichen der Zukunft, das Niedergedrücktwerden durch unbewältigte Gefühls- und Denkeindrücke und vor allem die Erfahrungen eines lähmenden Seelenvakuums.«[43] Die Sehnsucht nach Geborgenheit und Sinnerfüllung treiben den einzelnen um. Hemingway hat es ausgesprochen, was viele denken: »Der Tod ist ein souveränes Mittel gegen alles Unglück.« Wenn diese Meinung aber eine riesige Selbsttäuschung ist!?

Wenn sich die Fälle für ein Nichtfertigwerden mit der Existenz so häufen, dann muß doch in unsrer Gesellschaft etwas nicht stimmen! Hat sie am Ende keine Antwort auf die drängenden Fragen: Woher komme ich? Wohin gehe ich? Welchen Sinn hat mein Leben? Geben denn die verschiedenen weltanschaulichen Deutungen für unsre Fragen nichts her?

Da ist also zunächst der Materialismus. Er versucht, eine Erklärung des Weltganzen aus einem mechanistisch-monistischen Prinzip. Schon Demokrit sah in den als unvergänglich gedachten Atomen die Weltbausteine. Später glaubten Männer wie Hobbes, Büchner und andere in der Bewegung der Materie bzw. im Kausalitätsprinzip einen Schlüssel zur Welterklärung gefunden zu haben. Populär ausgedrückt war das Weltall nichts anderes als eine große Maschine. Auch der Mensch ist danach Materie; was als »Geist« erfahren wird, ist nur Funktion oder Produkt der Materie. Feuerbach vertrat einen anthropologischen Materialismus. Nach ihm ist der Mensch für den Menschen das höchste Wesen, ja sein Gott. »Der Mensch ist, was er ißt«. Andere ins Volk gedrungene Thesen sind: »Ich glaube nur, was ich sehe!« – »1,80 m unter der Erde ist alles aus!« Oder nach Bert Brecht »Das Schönste ist das Nichts . . . man hört einfach auf . . . man verfault, man braucht nicht zu warten!« (»Baal«). Einem gängigen Zeitphilosophen entsprechend lautet das Motto: »Heute mit einem Mädchen ins Bett steigen, ans Morgen nicht denken!« Schließlich liegt der ganzen modernen Wohlstandsmentalität dieser praktische Materialismus zugrunde.

Nach den inzwischen antiquiert klingenden Thesen des Existenzialismus gibt es keine letzte Sinngebung. Heidegger kann sagen: »Da der Mensch nichts als Verzweiflung erwartet, kann er auch nicht enttäuscht werden . . .« Jaspers spricht davon, daß der Mensch in den »Grenzsituationen« des Lebens transzendieren, d. h. über sich selbst hinauswachsen müsse, um seine Existenz zu realisieren. Nach Sartre ist »der Mensch nichts anderes, als wozu er sich macht. Er ist nichts als ein Entwurf, er existiert nur in dem Maß, als er sich verwirklicht, er ist nichts anderes als die Gesamtheit seiner Handlungen.« Alles schöne Thesen! Wie soll sich aber der Mensch selbst verwirklichen, wenn das Transzendieren letztlich doch eine Illusion bleiben muß ohne Kontaktnahme mit jener letzten Instanz, die wir »Gott« nennen? Und zwar Gott nicht als einen irgendwie gearteten Seinsbegriff, sondern als lebendige Persönlichkeit! Eine solche kennt aber weder Sartre noch einer der genannten Existenzialisten. Ja, Sartre leugnet die Existenz Gottes und spricht davon, daß »Menschsein Gottsein heißt«. Ist es zu verwundern, daß eine solche Existenz des Menschen zu einer absurden wird? Für den »zur Freiheit Verurteilten« ist darum auch folgerichtig »der andere die Hölle«.

Diese verzweifelten Aussagen erscheinen bei Camus in einem etwas milderen Licht. Er leugnet nicht die Existenz Gottes, wiewohl er nach seinem eigenen Eingeständnis der christlichen Wahrheit nicht teilhaftig wurde. Deshalb hat das Leben auch für ihn keinen letzten Sinn. Der Mensch muß als »der Heilige ohne Gott« zu leben versuchen. In dem Roman »Der Fall« zeichnet er in dem schuldig gewordenen Strafverteidiger einen Menschen, der um sein Versagen bzw. seine Schuld weiß. Bei all seiner tiefen Resignation kann Camus doch sagen: »Ach, mein Lieber, für den Einsamen, der keinen Gott und keinen Meister kennt, ist die Last der Tage fürchterlich. Man muß sich daher einen Meister suchen, denn Gott ist nicht mehr Mode.«[44] Ahnt er, daß es ohne jene letzte Instanz, die auch die Schuld vergibt, keine Hoffnung für den Menschen bleibt!? So hat aufs Ganze gesehen der Existenzialismus dem heutigen Menschen keine Antwort auf die Frage nach dem Sinn seines Lebens zu bieten.

Da ist weiter der optimistische Humanismus, der an den guten Kern im Menschen glaubt. Er wähnt, durch Aufklärung und Bildung bzw. eine entsprechende Umgebung könne der Mensch sich von allein zum Besseren entwickeln. J. Huxley ist z. B. der Meinung, daß »die Gotteshypothese heute wissenschaftlich nicht mehr verfechtbar ist. Sie lastet intellektuell und ethisch auf unserm Denken. Sie überzeugt und tröstet nicht mehr; sich von ihr loszusagen vermittelt ein tiefes Gefühl von Erleichterung.«[45] Ja, er träumt von einem »allumfassenden Humanismus, einer entwicklungsgeschichtlichen und humanistischen Religion der Erfüllung, die im wahren Sinne universal sein und sogar noch mehr menschliche Kräfte befreien« wird als das Christentum[46]. Lehrt diesen optimistischen Erwartungen gegenüber indessen nicht die Erfahrung, daß die Emotion immer wieder über den Intellekt, die niedrigen Affekte über den Willen, selbst wenn er das Gute will, siegen? Und das im kleinen Rahmen unsres Lebens nicht anders wie in der Völkerwelt! Bis zu welchen persönlichen oder weltweiten Katastrophen muß es wohl noch kommen, bis dieses optimistische Menschenbild sich als illusionär erweist?

Bei einem Aufenthalt in Amsterdam fielen mir in der Hauptstraße als buddhistische Mönche verkleidete Europäer auf. Inzwischen kann man diese Szene vielerorts finden. Sie leierten eine Zeremonie herunter, um für Meditation und Selbstbesinnung zu werben. Buddha auf den Straßen Europas! Sein über zweitausendjähriges Konzept lautet kurz zusammengefaßt: »Leben ist Leid. Die Ursache davon ist der unstillbare Lebensdurst. Der Mensch muß deshalb in endlosen Wiedergeburten zu einem höheren Sein aufsteigen, um ins Nirwana zu gelangen.« Dieses garantiert jedoch in keiner Weise persönliches Weiterleben nach dem Tod, sondern meint lediglich ein Aufgehen in der Allseele. Und doch zieht das Ideal der Selbstverwirklichung und der Hinwendung zu inneren Werten den gehetzten westlichen Menschen an. Wie aber, wenn die Anhänger dieses Systems eines Tages entdecken müßten, daß es nichts anderes als eine Projektion menschlicher

Sehnsüchte in ein erdachtes Jenseits, gleichsam eine religiöse Fatamorgana ist?

Studentische Vertreter sozialrevolutionärer Ideologien versuchen, ihre Kommilitonen bzw. die Gesellschaft mit den Parolen von Marx, Lenin oder Mao umzufunktionieren. Und doch versagt der Marxismus ganz und gar vor der Sinnfrage! Er hat keine Antwort, wenn den einzelnen Leid, Schuld oder Tod bedrängen. Deshalb empfindet er das Sinnangebot von Religion bzw. Christentum als tödliche Konkurrenz und versucht, es theoretisch und praktisch mundtot zu machen, indem er alle Seinsdeutungen von dieser Seite als unwissenschaftlich erklärt.

In den Oststaaten existieren daher keine Gewissens- und Redefreiheit. Diese sind zwar verfassungsmäßig garantiert, aber die Wirklichkeit sieht völlig anders aus. Zur Situationserhellung nur eine kurze Stelle aus Solschenyzins Brief an den Patriarchen Pimen im Mai 1972: ». . . zerschlagen ist das Recht, den Glauben der Väter fortzusetzen, das Recht der Eltern, die Kinder im eigenen Weltverständnis zu erziehen . . . auf jede Kirche, in der Gottesdienst gehalten werden kann, gibt es zwanzig, die abgetragen und unwiederbringlich zerstört sind . . .« Dazu noch ein kurzer Bericht aus Ungarn: »Die Gewissens- und Religionsfreiheit sind zwar durch die Verfassung garantiert, in der Praxis aber außer Kraft gesetzt. Die Gläubigen werden diskriminiert und im Beruf behindert. Der fakultative Religionsunterricht ist in den Städten und größeren Gemeinden beseitigt worden; die Jugend wird ausschließlich im atheistischen Geist erzogen. Die Lehrer werden gezwungen, entweder ihren Beruf oder ihren Glauben aufzugeben.«[47]

Ebensowenig hat der Freudsche Atheismus eine Lösung

der Frage nach dem Sinn des Lebens zu bieten. Wie sollte er auch? Nach seinem Urheber gibt es keinen Gott, und darum hat auch die menschliche Existenz keinen Zweck. Das Verhalten der Menschen ist wesentlich vom Sex bestimmt, dessen voller Befriedigung die Gesellschaft Grenzen setzt, was wiederum nach Freud zu Neurosen führt.

Schließlich gibt es noch praktische Ratschläge, wie man mit seinen Depressionen fertig werden kann. Diese gehen auf seelische Tiefs zurück, die meist aus reaktiven Depressionen, einer Art Verzweiflungshaltung, resultieren. Viele versuchen es mit Tabletten oder Psychopharmaka, ihre herabgestimmte Verfassung zu beheben. Oder man empfiehlt das sogenannte autogene Training, das letzten Endes aber auf Autosuggestion beruht.

Wollen Sie nicht eine viel einfachere, aber nachhaltigere Art der Lebensbewältigung kennenlernen? Es ist, wie gesagt, die christliche Sicht der Dinge!

Sie besagt, daß der Mensch nicht im Relativen und Geschichtlichen aufgehen, sondern nur im Überzeitlichen und Ewigen Erfüllung finden kann. Auf keinen Fall sind Sie also ein Zufallsprodukt oder ein verlorenes Glied der Leistungsgesellschaft. Ihr Leben hat einen Sinn, weil eine letzte Instanz hinter ihm steht: Gott hat Sie nach seinem Modell und Plan geschaffen! Freilich bleibt das für Sie eine tote Formel, solange Sie nicht in einer höchst persönlichen Weise Kontakt mit ihm aufnehmen, wie Sie ja auch z. B. einen Fernsprechteilnehmer anrufen. Tatsächlich ist der Mensch zum Gesprächspartner Gottes bestimmt, um in Arbeit und Ehe und worum es sonst im Leben geht, Weisung und Rat von ihm zu empfangen. Ein so angelegtes Leben wird Ihnen gewiß letzte Erfüllung bringen!

Indessen ist das ursprünglich ungetrübte Verhältnis mit

dem Schöpfer »in einem bestimmten Zeitpunkt der Geschichte durch einen unprogrammierten Menschen, der eine Entscheidung getroffen und sich tatsächlich gegen Gott aufgelehnt hat«[47a] zerstört worden. Seitdem ist die menschliche Existenz eine gefallene. Auch Ihre augenblickliche Situation ist nur von daher zu verstehen.

Die biblische Deutung unseres Lebens ist die gewaltigste Herausforderung, die es je gegeben hat, viel radikaler als die Konzeption eines Marx, Lenin oder Mao. Alle ideologischen Programme lassen den Menschen und seine Natur, wie sie ist. Sie basteln nur an den sozialen, wirtschaftlichen und politischen Strukturen herum, ohne sie jedoch von Grund auf verändern zu können.

In der Lösung der Gottesfrage entscheidet sich also der Sinn auch Ihres Lebens. Hätte einer der materialistischen oder atheistischen Ideologen recht, dann wäre es ja gleich, wie Sie leben, ob Sie einen totschlagen oder berauben oder nicht, ob Sie sexuelle Extratouren, wie sie unsre Zeit nahelegt, vornehmen oder nicht. Nein, Sie sind keine biologische Eintagsfliege, deren ethisches Verhalten unwesentlich für Sie wäre! Ihre Entscheidung für oder gegen ein biblisches Christentum gleicht in der Tat einer Weichenstellung. Diese bestimmt, ob der Zug in Paris oder sagen wir in Moskau ankommt. Genauso führt Sie auch der Kontakt mit Gott bzw. dessen Ablehnung zu zwei völlig verschiedenen Endstationen.

Überlegen Sie darum bitte genau, wie Sie die Weichen stellen! Auch wenn Sie keine Entscheidung treffen sollten, bleibt Ihr Leben doch auf der bisherigen unverbindlichen Bahn ohne konkreten Bezug zu Gott. Jesus spricht einmal von dem breiten Weg, den die große Masse der Konformisten und Zeitgeistanbeter einschlägt, und vom schmalen

Weg derer, die einen verbindlichen Kontakt mit ihm suchen, weil er allein die menschliche Natur radikal umzuwandeln vermag. Lesen Sie doch daraufhin einmal dieses Wort, ob es nicht genau Ihre Situation trifft![48] Es kommt also alles auf die persönlichen Konsequenzen an! Grau ist bekanntlich alle Theorie.

Vielleicht mußte deshalb der etwas sensationell wirkende Aufbruch der Jesus People – mag man im einzelnen dazu stehen, wie man will – und anderer Gruppen in allen Erdteilen kommen, um unserer Generation wieder zu demonstrieren: Das Leben hat einen Sinn! Im Kontakt mit Gott vergammelt man nicht noch wird man zum Opfer der Leistungsgesellschaft.

Ich mache Ihnen einen Vorschlag. Versuchen Sie doch einmal, Christus als absoluten Bezugspunkt für Ihr Leben zu bejahen und sich seiner Wirklichkeit zu öffnen. Vielleicht zunächst nur auf einem Sektor. Ordnen Sie Ihr Liebesleben nach den Prinzipien der Bergpredigt, also Eindeutigkeit Ihrer Beziehungen zu Ihrem Partner. Oder im Geschäftsleben! Auch hier absolute Wahrhaftigkeit und keine faulen Kompromisse!

Sie werden von ganz allein merken, daß auf diese Weise Sinn und Ordnung in Ihr Leben kommt und sie es in der Kraft Christi neu gestalten können. Pascal hat einmal gesagt: »Ohne Christus wissen wir nicht, was unser Leben wirklich ist noch unser Tod, noch Gott, noch wir selber.« Nur im Wagnis des Glaubens werden Sie das freilich herausfinden.

Haben Sie dazu Mut!

Einer, der der Verzweiflung am Sinn des Lebens entronnen ist, sagt dazu folgendes:

Ich war am Ende. Aus! War das wirklich alles? Ist das Leben denn sinnlos? Ich war ein von den Ärzten aufgegebener Fixer. Vielleicht lebte ich tatsächlich nur noch ein paar Monate.

Neunzehn Jahre war ich alt, aber hoffnungslos und ohne Ziel. Vier Jahre des Suchens lagen hinter mir. Bei Arbeitern, Studenten, Professoren, aber auch bei Kommunisten habe ich nach dem Sinn des Lebens gesucht, aber keine Antwort gefunden, die mich befriedigt hätte. Das konnte doch nicht alles sein!

Mit siebzehn hatte ich angefangen, Hasch und LSD zu nehmen. Ich suchte darin mein Teil Lebensfreude zu finden. Aber nach drei Monaten mußte ich mir sagen: »So kannst du nicht weiterleben! . . .« Ich konnte den einmal eingeschlagenen Weg nicht abbrechen. So stieg ich auf Speed und Amphetamine um. Vier Wochen später war ich fertig. Mein Magen war kaputt. Mein Leben war immer noch leer und unausgefüllt.

Ich wollte Schluß machen. Aber wie? Nicht so normal – – – langsam wollte ich den Tod genießen!

Ich mußte auch feststellen, daß einige meiner Freunde, mit denen ich viel diskutiert hatte, sich zurückgezogen hatten, um dasselbe zu tun wie ich. Sie waren Fixer geworden und hatten sich selbst zu Ausgestoßenen der Gesellschaft gemacht. Oft hatten die Gesichter gewechselt. Einer mußte ins Gefängnis, der andere in die Psychiatrie zur Entziehung.

Nach einem Jahr extremen Schießens (Spritzen) war ich mit schweren organischen Schäden ins Krankenhaus zur Entziehung gekommen. Zwei Monate später wurde ich zwar entlassen, aber ich war ein Wrack. Fortan gingen mit mir zwei Begleiter, die mich nicht mehr verlassen sollten: die Frage nach dem Sinn des Lebens und die Sucht nach dem Genuß von Morphium und Opium. Trotz aller Anstrengungen, Schluß zu machen mit den Drogen, fing ich doch wieder damit an, schlimmer als vorher. Im Nu war ich wieder auf zwanzig Spritzen am Tag gekommen. Einen Teil meiner Rauschgiftquellen kannten selbst die nicht, die am engsten mit mir zusammen lebten. Und doch reichte es nicht aus!

Nach einigen Gesprächen mit Ärzten hörte ich von einer Psychologin, daß es ein Haus gäbe, in dem Drogenabhängigen geholfen würde. Ich fuhr also hin. Das erste, was ich hörte, war: »Wir können dir auch nicht helfen, aber Jesus Christus kann es!« Ich hatte es also mit Christen zu tun. Die kannte ich. Ich war ja in einem christlichen Kinderheim groß geworden. Nach kurzer Überlegung entschied ich jedoch: nichts für dich!

Ich muß dabei gelacht haben; denn einer fragte: »Hast du es schon einmal mit Jesus probiert?«

Ich mußte zugeben: »Nein!« Ich wollte auch gar nicht mein Leben ändern. Ich wollte lediglich die Sucht loswerden und eine Antwort auf die Frage nach dem Sinn des Lebens finden. Aber ich blieb bei diesen Leuten, versuchte aber ihr Leben zu prüfen, ob es auch zu dem stimmte, was sie sagten. Nach einiger Zeit mußte ich zugeben: Sie waren echt. Sie hatten tatsächlich eine Antwort auf die Frage nach dem Sinn des Daseins.

Nach drei Wochen brachten wir eines Tages zu dritt einen Engländer, der übers Wochenende in unserm Haus – es war eine Bibelschule – gewesen war, nach Frankfurt zum Flughafen. Als wir dort feststellen mußten, daß das Flugzeug eine Stunde Verspätung hatte, machte einer den Vorschlag, abseits zu gehen und miteinander zu beten. Ich stand dabei und hörte mir die Gebete an. Plötzlich wurden mir die Augen geöffnet, und ich erkannte nicht nur die Leere in meinem Leben, sondern auch meine Schuld. Ich war so erschüttert, daß ich inmitten der Leute der Flughalle anfing, wie ein kleiner Junge zu weinen. Stumm flossen die Tränen. Eine Zeitlang war ich nicht fähig zu sprechen. Der englische Lehrer fragte mich, ob ich mein Leben Jesus übergeben wolle. Ich tat es. Stammelnd bat ich ihn um Vergebung und überließ ihm mein verpfuschtes Leben.

Damit war der entscheidende Schritt zu einem Dasein, das einen Sinn und ein Ziel hat, getan. Dieser Augenblick auf dem Flughafen war der Zeitpunkt, an dem mich meine beiden Begleiter, Sinnlosigkeit und Sucht, verließen. Ich hatte die Erfahrung gemacht, was es heißt, Vergebung der Schuld zu haben.

Heute sind seit diesem Tag mehr als zwei Jahre vergangen, zwei Jahre, in denen ich die Erfüllung meiner Bitte um Veränderung meines Charakters erlebt habe, und das oft in Situationen, wobei ich dachte, es ginge nicht mehr. Aber es ist dennoch weitergegangen auf diesem Weg mit Jesus.

Eines weiß ich nun ganz genau: Sinn und Ziel des Lebens findet man nur bei Jesus Christus!

Religion oder Christusglaube?

Greift der Mensch von sich aus nach der Wahrheit, so greift er daneben. Würde er glauben, so würde er hören; in der Religion redet er aber. Würde er glauben, so würde er sich etwas schenken lassen; in der Religion nimmt er sich aber etwas. *Karl Barth*[49]

Es gibt Menschen, die geben sich mit einer bestimmten Religiosität zufrieden, bis sie eines Tages erkennen, das ist nicht genug. Ich muß in eine persönliche Beziehung zu Christus kommen, sonst ist der Glaube eine tote Theorie. *Keith Bill*[50]

Die Religion vieler Zeitgenossen beschränkt sich auf die gängige Floskel vom »höheren Wesen«. Nach einer Emnid-Umfrage sind es 22 %. Was steckt aber schon hinter diesem Überbleibsel aus der Mottenkiste des Rationalismus? Ist es eine Instanz, mit der Sie Zwiesprache halten können? Kann dieses »höhere Wesen« Ihnen Weisung erteilen für den Alltag? Keine Rede davon! Diese Formel ist in der Tat nicht mehr als ein armseliger religiöser Heckenbusch, hinter dem man seine absolute Kontaktlosigkeit mit Gott zu verbergen sucht.

Ähnlich ist es mit der Chiffre von dem »Gott in der Natur«. Kann die Natur Ihnen ein hilfreicher Partner sein, wenn Ihnen ein lieber Freund gestorben ist oder Sie eine schwere Enttäuschung erleben? Als landschaftliche Kulisse kann sie Ihnen eine gewisse Resonanz auf Ihren Schmerz geben. Gewiß! Aber helfen, trösten, Kräfte verleihen? Nichts davon!

So ist es auch mit dem Vorstellungsklischee vom »lieben Gott«. Wolfgang Borchert hat nicht ohne Grund diese Art Glauben, die auf infantilem Niveau stehengeblieben ist, karikiert, wenn er in seinem Schauspiel »Draußen vor der Tür« den Heimkehrer zu dem »lieben Gott«, der als alter Mann auftritt, sagen läßt: »Wo warst du eigentlich, als die Bomben brüllten, lieber Gott? Warst du in Stalingrad, lieber Gott? Ach, du bist alt, lieber Gott, du bist unmodern, du kommst nicht mehr mit. Wir kennen dich nicht mehr so recht, du bist ein Märchenliebergott . . .« Natürlich ist das aus Sarkasmus gesprochen. Aber ist es nicht zugleich Demaskierung eines verharmlosten, bürgerlichen Christentums, das zwar vom »lieben Gott« redete, aber von jener Liebe, die sich für uns verblutete, nichts zu sagen wußte!?

Das natürliche religiöse Bedürfnis, das jeder hat, um seinem Leben Einheit und Sinn zu geben, ist darum auch mitten in den Volkskirchen zu finden. Der westliche Mensch lebt auch in seiner säkularisierten Form so eingepackt in Christentum, daß er es gar nicht merkt. Jeder will getauft, konfirmiert, getraut und natürlich auch christlich beerdigt sein. Oft habe ich Konfirmandeneltern erklärt: »Lassen Sie doch die Konfirmation sein, wenn Sie doch zu Jesus kein persönliches Verhältnis finden können!« Oder ich habe angehenden Konfirmanden gesagt: »Warum wollt ihr euch konfirmieren lassen, wenn ihr doch mit Jesus nichts anfangen könnt!?« Aber sie blieben dabei. Der Gewissensappell zog nicht. Die Macht der Tradition war stärker als der Mut zu einer eigenen Stellungnahme. Ergebnis: mit vollzogener Konfirmation waren die meisten tatsächlich »ausgesegnet«. Man sah sie höchstens an Weihnachten und vielleicht noch am Karfreitag in einem Gottesdienst. Ist es nicht aufrichtiger, Nicht-Christ zu sein als sich als Vertreter eines neutralisierten Christentums zu geben, das sich vom Heidentum nur durch die christliche Form unterscheidet!?

Kierkegaard spricht in diesem Zusammenhang mit beißendem Spott vom »Gevatterglauben«, den die meisten Väter zur Schau trügen, wenn sie ihre Kinder zur Taufe anmeldeten. Von seinen Arbeitskollegen wollte sicher keiner der Kindesväter als Christ angesehen werden, aber vor dem Pfarrer ließe es keiner an der nötigen Kulanz und einigen frommen Sprüchen fehlen. Hat dieser kritische Beobachter nicht recht? Solle er aber ins Schwarze treffen, so ist doch zu fragen: was hat dieser Allerweltsglaube noch mit christlicher Überzeugung zu tun?

Wie steht es indessen mit der »Jesuswelle« unter den jungen Leuten heute? Ist auch das nur eine religiöse Erscheinung? Wiegt die Begeisterung für einen christlichen Popstil vor oder ist echter Christusglaube das Entscheidende dabei? Tatsache ist, daß ca. 100000 junge Leute zu Christus fanden. So die nüchternen Schätzungen gegenüber den publizierten Millionen. Was also bei der großen Mehrheit eine Religiöse Show war, ist bei dem festen Kern echte Erfahrung.

Was ist nun eigentlich Religion? Sie ist der Versuch, eine Antwort auf die »Grenzsituationen« des Lebens, wie die Philosophen sagen, zu finden. Also auf die Frage nach dem Leid, der Schuld und dem Tod. Wenn beispielsweise der Arzt einem auch ohne Worte zu verstehen gibt: »Ihre Krankheit ist unheilbar, Sie brauchen sich nichts mehr vorzumachen!« – Oder wenn einer weiß, er muß sterben und vom blühenden Leben Abschied nehmen. Alles aus! – Oder das mit der Schuld. Sie kennen doch die Stunden der Nacht, da einem allerlei Gedanken durch den Kopf gehen: »Diese dunkle Geschichte, in die du da hineingeschlittert bist, hätte nicht passieren dürfen . . .« Wenn Sie sich auf diese angedeuteten Grenzsituationen eine Antwort zurechtgezimmert haben, so ist das Religion.

Auch das gehört dazu, wenn Sie am Christentum nur deshalb festhalten, weil Ihre Eltern, Onkel Hermann oder Tante Anna es tun. Erst recht gilt das natürlich, wenn Sie sich fremden Religionen öffnen. Das alles ist der Versuch, mit Gott ins Geschäft zu kommen, um sich für alle Fälle rückzuversichern.

Alle Religion ohne Jesus kann verständlicherweise nicht befriedigen, weil ihr die persönliche Note zu Gott, der nun einmal durch Jesus Christus zu uns spricht, fehlt. Die meisten behandeln ihn auch demnach, etwa wie einen Klempnermeister. Wenn dieser die Wasserleitung wieder in Ordnung gebracht hat, bezahlt man ihn und ist wieder quitt. Die »Bezahlung« Gott gegenüber erfolgt im Einhalten der sogenannten religiösen Pflichten, denen man sich zuweilen mit einem Kirchgang oder der Erledigung der Kirchensteuer unterzieht. Was ist bei diesem Christentum noch von der frohen Botschaft Jesu geblieben?

Kennen Sie Jesu Gespräch mit dem gescheiten, kultivierten Nikodemus? Der Nazarener bedeutet ihm, daß nur eine Neugeburt aus Reue und Geist zum Eingang ins Reich Gottes verhelfe. Aber der gebildete Kopf kann das nicht begreifen. Er bleibt beim Biologischen hängen. Darum seine Frage: »Kann man als erwachsener Mensch noch einmal geboren werden?« So verdreht ist der Intellektuelle, wenn ihm Gott nicht das Verständnis für geistliche Realitäten erschließt. Jesus muß es ihm dolmetschen, was er meint: »Nikodemus, es geht tatsächlich nicht ohne eine neue Geburt aus Gott, die Bereitschaft, umzudenken und in der Kraft des Heiligen Geistes neu zu beginnen.«

Der gescheite Mann hat das im Augenblick noch nicht erfaßt. Erst der Tod Jesu öffnete ihm die Augen. Selbst die Konfrontation mit Christus hatte ihn nicht aus der Sackgasse seiner Religiosität herausholen können.

Mit rationalem Denken kommt man also nicht hinter das Geheimnis der Person Jesu. Dazu ist mehr nötig: Unvoreingenommenheit Ihrer Umgebung und Ihrer Vorstellungswelt gegenüber, Bereitschaft, sich selbst in Frage stellen zu lassen, und Mut, auf Illusionen zu verzichten und alles auf eine Karte zu setzen. Sind Sie also fähig, sich aus der großen Masse der konventionellen Mitläufer und Zeitgeist-Sympathisanten zu lösen und eine eigene Entscheidung zu treffen?

Dazu möchte ich Ihnen viel Mut machen. Wenn Sie Jesus den obersten Platz in Ihrem Leben einräumen, werden Sie merken, was er Ihnen bringt: den Beginn eines völlig neuen Abschnitts in Ihrem bisherigen Dasein!

Jesus ist keine »tote« Sache wie die Religion, auch wenn diese in der heute so gängigen Art der Transzendentalen Meditation an Sie herantreten sollte. All diese religionsphilosophischen Systeme entstammen menschlichen Konzeptionen und können Ihnen keine lebendige Verbindung mit Gott bringen. Das kann nur der eine, der von sich sagt: »Ich bin der Weg . . .«[51] Er ist tatsächlich der personifizierte Weg zu Gott. Einen andern gibt es nicht. Der Jesusglaube ist darum eine eminent lebendige und aktuelle Angelegenheit. Der Mann von Nazareth will auch mit Ihnen einen Dialog beginnen, Sie unterweisen und korrigieren. Ihr Leben wird darüber vollkommen anders werden. Ihn kennenzulernen ist unendliche Freude. Und das täglich und stündlich!

Dazu ein Mohammedaner, der von seiner islamischen Religion zu einer Lebenserneuerung durch Jesus fand:

»1930 wurde ich in Istanbul als Sohn eines türkischen Offiziers geboren. Da mein Vater häufig versetzt wurde, zogen wir bis zu meinem 23. Lebensjahr oft von Stadt zu Stadt. Bei diesem Leben konnte natürlich kein rechtes Gefühl für ein Zuhause aufkommen. Dazu kam noch in meinem 9. Lebensjahr die Scheidung meiner Eltern.

Als junger Mensch war ich sehr zornig, doch auch sensibel und hinterlistig. Lehrer und Mitschüler konnte ich durch mein Verhalten blenden, so daß sie mich für einen feinen Menschen hielten. Die äußeren Lebensumstände waren oft schwer, ja zuweilen kaum mehr zu ertragen, so daß sich Haß- und Zorngefühle in mir summierten und ich in einer Nacht sogar Vater, Stiefmutter und meinen Halbbruder umbringen wollte.

Nach Beendigung meiner Militärzeit in der Türkei reiste ich 1954 nach Amerika. Da sich mein Vater zu jener Zeit dort aufhielt, ließ ich mich daselbst als Tanzlehrer ausbilden.

Meine frühere Religion hatte mich gelehrt, daß Gott im Himmel wohne und viel zu heilig sei, als daß ihm einer nahekommen könnte. Nach meinen Vorstellungen hatte ich in der Hölle für alle meine Sünden zu büßen. Doch hegte ich die Hoffnung, daß mir Gott auch meine guten Taten anrechnen würde und ich so nicht ganz verlorengehen könnte.

In einer einsamen Neujahrsnacht betete ich: ›Lieber Gott, laß deine Engel meine Wege beleuchten, daß ich darauf gehen kann, und mache die dunklen Wege so dunkel, daß ich es merke, wenn ich unversehens darauf gerate. Laß mich auf Erden einer deiner Diener sein! . . .‹ Aber mit dem Wunsch und der Sehnsucht nach einem besseren Leben war es natürlich nicht getan. Es war mir trotz bester Absicht nicht möglich, mich zu bessern. Im Gegenteil! Eher bin ich noch weiter abgeglitten.

Seit 1959 bin ich in Deutschland und habe immer versucht, mit rechten Christen ins Gespräch zu kommen, aber es hat 8 Jahre gedauert, bis ich richtig etwas von Jesus hörte. Ich konnte es einfach nicht verstehen, daß man nur über Christus zu Gott kommen könne! Vor 2 Jahren las ich das Buch von Billy Graham ›Welt in Flammen‹. Dabei machte ich zum erstenmal die Entdeckung, wie erlösungsbedürftig ich im Grunde doch war. Das brachte mich in große innere Unruhe. Mein Leben rollte wie ein schrecklicher Film vor meinen Augen ab . . . Durch die Begegnung mit einem lebendigen Christen erkannte ich, daß nur Jesus Christus mir meine Schuld vergeben kann . . .«

Diesem abgekürzten Bericht von Ö ist noch folgendes hinzuzufügen: Der frühere Mohammedaner hatte zusammen mit einer Dame ein großes Tanzstudio in einer Millionenstadt Deutschlands. Hinter den Idealen der Kunst und Schönheit, die ihn erfüllt hatten, und der weltmännischen Fassade seines Auftretens verbarg sich jedoch ein Verlangen nach Glück und wahrem Leben.

Eines Tages überließ er sein gepflegtes Lokal einem Evangelisten für eine Veranstaltung, da dieser durch eine kurzfristige Kündigung seines bisherigen Saales in Verlegenheit geraten war. Dadurch bekam er die beste Gelegenheit, sich diesen Redner, der urplötzlich sein Interesse geweckt hatte, anzuhören. Gespannt lauschte er dessen Ausführungen.

Ja, nach nach dem Vortrag ging er hin zu ihm und sagte:

»Ich muß Sie noch heute unbedingt sprechen!« Darauf jener: »Leider kann ich mich wegen anderer Verpflichtungen erst gegen 22.30 Uhr freimachen.«

In seinem Tanzstudio fand dann das vereinbarte Gespräch statt. Zwischen den beiden entwickelte sich folgende Unterhaltung:

»Sagen Sie mir, wie ich ein Christ werden kann?«

»Dazu müssen Sie Jesus Christus annehmen und Mohammed absagen. Sind Sie dazu wirklich bereit?«

»Ja!«

»Allein Jesus kann uns unsre Schuld vergeben, und zwar um seines Versöhnungstodes auf Golgatha willen. Verstehen Sie das?«

»Ja!«

»Zu einer echten Übergabe Ihres Lebens gehört eine aufrichtige Reue und gegebenenfalls eine offene Aussprache schuldhafter Verfehlungen. Darf ich Sie nun danach fragen, wenn Ihr Gewissen unruhig ist, und wollen Sie mir auch die volle Wahrheit sagen?«

»Ja!«

Nachdem er sich die Schuld seines Lebens von der Seele gesprochen hatte, fühlte er sich viel freier. Noch war aber die Absage an den falschen Propheten nicht erfolgt. Auf die Aufforderung des Seelsorgers, sich dazu nun zu entschließen, ging ihr Gespräch wie folgt weiter:

»Niemand kann zwei Herren dienen!«

»Mohammed hat doch nichts Falsches gesagt!«

»Er hat manches Gute gesagt, aber auch manches Ungute.

Sie können aber die Absage in der Form vornehmen, daß Sie sich von ihm in den Stücken lossagen, worin seine Lehre dem Evangelium von Jesus Christus widerspricht. Sprechen Sie mir also nach: »Gott, der du allein die Wahrheit bist und allein unterscheiden kannst, was an der Lehre Mohammeds falsch ist, ich übergebe mich dir und bitte dich, alles aus meinem Leben wegzunehmen, was mich von dir und deiner Wahrheit trennt. Ich nehme Jesus Christus als meinen Herrn und Heiland an!«

Er tat's. So konnte ihm der Seelsorger den Frieden im Namen des Gekreuzigten augenblicklich zusprechen.

Es ist verständlich, daß ihm bei diesem Schritt seiner Lebenserneuerung und definitiven Loslösung von seinem bisherigen mohammedanischen Glauben, den er als eine falsche Religion erkannt hatte, Tränen kamen. Hatte doch damit ein langjähriger Kampf seinen Abschluß gefunden.

Bald darauf erkrankte er an einer Blinddarmentzündung. Sein seelsorgerlicher Freund gab ihm zu der Lutherbibel, die er bereits besaß, noch die Übersetzung des Neuen Testaments von H. Bruns, die ihm mit ihren praktischen Erläuterungen zu einem weiteren Verständnis des Evangeliums verhalf. Die Lektüre der Bibel wurde ihm nun zu einer großen Freude. Täglich nahm er sich dazu Zeit.

Seine Wendung zu Jesus hatte eine derartige Umwälzung seines bisherigen Lebens mit sich gebracht, daß er tatsächlich ›eine Umwertung aller Werte‹ an sich selbst erfuhr. Begreiflicherweise konnte er nicht anders, als von seinem neuen Glück all denen zu erzählen, mit denen er zusammenkam. Und das waren nicht wenige.

Gibt es einen »heißen Draht« zu Gott?

Es stehen in meinem Leben sehr viele Stunden, in denen mir mein Gebet ernstliche Hilfe brachte, weil es sofortige und umfassende Befreiung von schweren Sorgen bedeuten kann. Es ist meine persönliche Überzeugung und Erkenntnis, daß die Menschheit der Kraft des Gebets heute mehr bedarf als jemals zuvor in der Geschichte. *Wernher von Braun*

Die heutige naturwissenschaftliche Erkenntnis liefert keinen Einwand mehr gegen einen Schöpfergott.
Pascual Jordan

Während eines Spaziergangs kam ich mit einem Naturwissenschaftler ins Gespräch. Ich fragte ihn: »Gibt es heute noch intellektuelle Schwierigkeiten in Ihrem Fach, die Ihnen den Glauben an einen persönlichen Gott unmöglich macht?«

»Nein!« räumte er ohne weiteres ein. »Wir haben auf dem Gebiet der Physik mittlerweile erkannt, daß es nichts Absolutes mehr gibt. In das Koordinatensystem der klassischen Physik paßte der Glaube an Gott und Wunder nicht hinein. Heute ist man von naturwissenschaftlicher Seite sehr viel bescheidener. Es ist keine Unendlichkeit des Raumes noch der Zeit, noch eine Unvergänglichkeit der Materie, noch eine Absolutheit des Kausalitätsprinzips (Gesetz von Ursache und Wirkung) nachweisbar . . .«

»Gut!« fuhr ich, meinen Partner ins Auge fassend, fort. »Wenn also von wissenschaftlicher Seite keine Einwände mehr gegen den christlichen Glauben erhoben werden können, warum machen Sie keinen Versuch, mit Gott ins Gespräch zu kommen?«

»Bisher hat mich noch niemand so persönlich daraufhin angesprochen.«

»Der verstorbene Philosoph P. Wust äußerte sich einmal so: ›Wenn Sie mich fragen wollten, bevor ich endgültig gehe, ob ich nicht einen Zauberschlüssel hätte, der einem das letzte Wort zur Weisheit des Lebens erschließen könnte, dann würde ich Ihnen antworten: Jawohl! Und zwar ist dieser Zauberschlüssel nicht die Reflexion, wie Sie es von einem Philosophen vielleicht erwarten möchten, sondern das Gebet.‹ Wollen nicht auch Sie dieses Experiment versuchen?«

Hier brach mein Partner das Gespräch ab, weil er mit seiner Frau einen abseits führenden Weiterweg einschlagen wollte.

Mir waren die Äußerungen des Naturwissenschaftlers eine Bestätigung dessen, was ich bereits wußte, daß die vier für absolut gehaltenen Größen: Raum, Zeit, Materie und Kausalität im Zuge der neueren Physik eine Relativierung erfahren haben. Professor Rohrbach schreibt dazu: »Auch die Materie ist in unserer heutigen Sicht von der Wirklichkeit nichts Seiendes. Das naturwissenschaftliche Weltbild der Neuzeit ist in seinen weltanschaulichen Inhalten ein Produkt der Naturphilosophie, nicht der exakten Naturwissenschaft gewesen . . . Materie ist nicht, Materie geschieht . . .«[52]

Ist nun aber das Gebet wirklich ein realistischer Weg zur Erfahrung Gottes? Ist es der ›heiße Draht‹ zu ihm?

Von Fichte soll der Ausspruch stammen: »Das Kind betet, der Mann will.« Das ist freilich eine völlig schiefe Sicht der

Dinge. Gebet und Wille sind durchaus keine Gegensätze. Zum ernstlichen Gebet gehört wahrhaftig ein fester Wille, allen Abhaltungen zum Trotz daran festzuhalten, daß Gott Gebete erhört. Auch ist das Gebet nicht nur etwas für Kinder, sondern vor allem für Männer nach der Ordnung der Bibel. Wenn es einmal keine betenden Männer mehr gibt, werden auch bald die Kinder damit aufhören. Also einem Eigenwillen anstelle des Betens das Wort reden, wäre ein verhängnisvoller Fehlweg! Haben nicht gerade wir Deutsche genug Lehrgeld für solche eigenmächtigen Eskapaden bezahlt!?

Eine andere Fehldeutung des Gebets ist die des englischen Bischofs Robinson. In seinem Buch »Honest to God« spricht er vom Gebet als einer Meditation oder einer Art Selbstgespräch. Damit wird das Gebet lediglich eine Angelegenheit der Seele. Natürlich kann man im Gebet über einem Bibelwort meditieren, aber das alles vor dem Angesicht Gottes und in seiner Gegenwart. Schließlich will ja Gott mir durch seinen Geist die Bibel transparent machen, d. h. sie mir erschließen, so daß sie ihre Dynamik in meinem Leben entfalten kann. Schon gar nicht ist das Gebet als Selbstgespräch zu verstehen. Das sind alles liberalistische Versuche, das Gebet zu humanisieren bzw. zu rationalisieren! Es sind Holzwege, die nichts einbringen, im Gegenteil, sie verwirren nur.

Freilich, das traditionelle Gebet gleicht meist einer Einbahnstraße zwischen dem Beter und Gott. Der Gegenverkehr fehlt: Gottes Reden mit dem ihn Anrufenden. Das ist das biblische Modell. Was hätte alles Beten für einen Sinn, wenn Gott nicht antwortete und meine Probleme dadurch lösen würde!? Schon im Alten Testament heißt es darum: »Sei stille dem Herrn und warte auf ihn!« Oder noch deutlicher bei Jesaja: »Er öffnet mir das Ohr, daß ich höre wie ein Jünger.« Das ist die rechte Haltung, auf die es ankommt: Hören wie ein Jünger!

Wie aber nun seine Stimme vernehmen?

Eine gute Hilfe dazu ist jener Rat Luthers an seinen Friseur, das Glaubensbekenntnis oder das Vaterunser mit folgenden vier Fragen anzugehen: Was hat mir Gott damit zu sagen? – Wofür soll ich ihm danken? – Wofür ihn um Verzeihung bitten? – Was von ihm erbitten? – Genausogut können Sie natürlich einen Bibeltext nehmen, an den Sie die vier Fragen herantragen. Manche schreiben sich auch die Gedanken auf, die ihnen beim Meditieren über diese Fragen kommen. Wie viele haben in dieser intensiven Hörbereitschaft schon erlebt, wie die Worte der Schrift transparent wurden für ihr Leben! Wie oft hat Gott mich selbst schon angesprochen, korrigiert und ermutigt, wenn ich mit Freunden zusammen eine solche stille Zeit hielt.

Mitunter steht auch mitten in der Nacht die Lösung eines Problems vor meinen Augen, oder ich erkenne, was in einer Sache das Richtige ist. Das ist nicht nur Intuition, sondern Eingebung von dem höchsten Lenker aller Dinge. Ich vernehme dabei seinen beruhigenden Zuspruch und verspüre seine freundliche Nähe. Sie stillt meine Unruhe und verhilft mir zur Distanz meiner Umwelt und meiner eigenen Reflexion gegenüber.

Gott will auch mit Ihnen in ein Gespräch kommen. Ganz gewiß! Er übersetzt seinen Willen in Ihre Mentalität. Er redet so mit Ihnen, daß Sie ihn immer besser verstehen können. Wenn Sie die Praxis des Umgangs mit ihm lernen, ist es jedenfalls damit vorbei, daß er graue Theorie wäre! Ganz im Gegenteil wird er zu einer eminent praktischen Größe in Ihrem Leben, der den Dialog mit Ihnen sucht.

Für die Praxis des Gebets und der stillen Zeit ist es natürlich gut, einen Partner zu finden, für den er bereits eine Wirklichkeit ist. Mit ihm können Sie Ihre Probleme besprechen und auch die Notizen, die Ihnen beim Meditieren über ein Bibelwort kommen, austauschen.

Als ein norwegischer Journalist auf einer Tagung begreifen lernte, daß die Maßstäbe der Bergpredigt auch für ihn ihre Geltung hätten, war das eine fundamentale Entdekkung für ihn. Es wurde ihm auch in einer persönlichen Angelegenheit klar, daß er nationalistischen Gedanken in einem Artikel zu viel Raum gegeben hatte, so daß es darüber zu einer Verfeindung gekommen war. Gott durchleuchtete also sein journalistisches Metier! Die Folge war, daß er die andere Seite um Verzeihung bat, wodurch schlagartig in der betreffenden Streitfrage die Atmosphäre bereinigt wurde. Als er nach seiner Inhaftierung unter dem Hitler-Regime, krank und durch Hunger geschwächt, auf dem Heimtransport starb, war sein letztes Wort an seine Freunde: »Vergebt doch den Deutschen!« Was für eine Wirklichkeit war Gott im Leben dieses Mannes geworden!

Auch junge Menschen erfahren, daß das Gebet wirklich ein ›heißer Draht‹ ist zu Gott, der sein Eingreifen veranlaßt. So schreibt ein junges Mädchen:

Ich war vierzehn Jahre alt. Am 25. 10. 69 gegen 18 Uhr fuhr ich mit meinem Fahrrad von meinem Heimatort in einen Nachbarort. Als ich unser Dorf verlassen hatte, beobachtete ich, daß mich ein 30jähriger Mann mit seinem Auto verfolgte und überholte. In einem seitlich gelegenen Steinbruch verbarg er seinen Wagen und lauerte auf mich. Weil es bergan ging, mußte ich mein Rad schieben. Als ich an ihm vorbeigehen wollte, zerrte er mich in den Straßengraben. Bevor er mich jedoch in seiner Sexbesessenheit vergewaltigen konnte, kam aus beiden Fahrtrichtungen je ein Auto gefahren. Vor Schreck ließ er mich los. Hilfesuchend sprang ich auf die Straße und direkt in ein Auto hinein, das mich zwanzig Meter mitschleifte. Die Insassen alarmierten sofort Polizei und Krankenwagen.

Bewußtlos und mit schweren Kopfverletzungen wurde ich ins Krankenhaus eingeliefert. Da ich bei meinem Weggang keinen Ausweis mitgenommen hatte, konnte man in dieser Nacht meine Personalien nicht mehr feststellen. Am nächsten Tag zog jedoch die Polizei nähere Erkundigungen ein und kam so auf meine Eltern, die nun von dem Unfall benachrichtigt wurden. Sie hatten mich deshalb nicht gesucht, weil ich bei meiner Abfahrt gesagt hatte: »Komme ich nicht mehr nach Hause, so übernachte ich bei unsern Verwandten.«

Bei der Unglücksnachricht griff meine Mutter nach meiner Bibel, die ich einige Tage zuvor von meinen Freundinnen bekommen hatte. Meine Mutter schlug gerade dort auf, wo ich mit meiner Bibellese stehengeblieben war. Es war Psalm 116, wo es heißt: »Ich liebe den Herrn, denn er hört die Stimme meines Flehens. Er neigte sein Ohr zu mir; darum will ich mein Leben lang ihn anrufen. Stricke des Todes hatten mich umfangen, des Totenreichs Schrecken hatten mich getroffen, ich kam in Jammer und Not.«

Diese Worte gaben meinen Eltern viel Kraft. Als sich mein Zustand nach zwei Wochen noch nicht gebessert hatte, erklärte der Arzt meinen Eltern, ich müsse nunmehr in eine Nervenanstalt gebracht werden. Nach dem erlittenen Schock hatte ich nämlich Tag und Nacht geschrien. Angesichts dieser Diagnose wandten sich meine Eltern an den höchsten Lenker aller Dinge. Er erhörte ihr Gebet und besserte meinen Zustand, so daß ich an dem vom Arzt festgesetzten Termin auf seine Frage, wie ich heiße, meinen Namen nennen konnte. Damit gab er sich zufrieden, so daß ich im Krankenhaus weiterbehandelt und schließlich als gesund entlassen werden konnte.

Der Herr lebt auch heute noch!« So schloß sie ihren Bericht.

Weiter berichtet ein junger Mann aus Hamburg dazu. Mit seinem weltoffenen Gesicht hatte er mir von Anfang an gefallen. Ich kam mit ihm ins Gespräch, und er erzählte mir seine Geschichte, die ich hier wiedergebe.

»Schon als junger Mann hatte mich Gott gerufen, in eine missionarische Ausbildungsstätte zu gehen, um später sein Botschafter zu sein. Damals lehnte ich seinen Ruf ab, weil ich mir nicht vorstellen konnte, daß man dabei ein froher Mensch sein könnte. Und das wollte ich um jeden Preis!

Nun suchte ich vom Leben zu erhaschen, was ich nur konnte: Tanz, Rauchen, Musik, Freundinnen, sex . . . Auch richtete ich mir ein Appartement im Louis-XVI-Stil ein. In einem Schweizer Spezialitätenrestaurant erhielt ich die Leitung über die Küche und verdiente gut. Das war 1970.

Eines Tages lernte ich ein hübsches, temperamentvolles Mädchen, das mir sehr gefiel, kennen. Die Sache hatte nur einen Haken: sie war fromm! Nachdem aber meine andern Verbindungen mit Mädels in Brüche gegangen waren, dachte ich, du könntest es ja mal mit M. . . versuchen. Bald bot sich dazu bei einer gemeinsamen Schlittenpartie Gelegenheit. Da klingelte es bei mir, ich verliebte mich in sie bis über beide Ohren.

Ich lernte auch ihr Elternhaus kennen. Ihre Mutter imponierte mir sehr. Diese war früher in okkulte Praktiken verstrickt gewesen, aber durch eine Christusbewegung davon frei geworden. Die freie, frohe Atmosphäre dieses Hauses zog mich an. Eines Tages wies uns die Mutter auf unsre beiderseitige Verantwortung hin und sagte: »Entweder zieht das eine das andre zu Gott hin oder von ihm weg!« Das war mir wie ein Schlag in den Magen. Das wollte ich nun doch nicht: einen Menschen von Gott wegziehen. Inzwischen hatten M. . . und ich ein festes Verhältnis. Wir wollten heiraten.

In jener Zeit machte ich jedoch eine mir zunächst unverständliche Erfahrung. Sobald ich von M. . . wegging, verfiel ich in eine schwermütige Verfassung. Meine Gedanken kreisten immer um das Eine: »Ihr beide gehört nicht zusammen!« Ich besprach die Sache mit meiner Freundin. Wir beteten auch darüber. Ja, wir stellten Gott ein Limit: entweder wir heiraten binnen kurzem, oder wir gehen auseinander!

Gleichzeitig verfolgte mich der Gedanke, wie wir Gottes Willen in der Angelegenheit erkennen könnten. In ihrer impulsiven Art sagte M. . . zu mir: »Der Heilige Geist kann es uns doch zeigen!« Ich verstand nicht gleich. Aber sie fuhr fort: »Der Heilige Geist ist eine stille Stimme im Hintergrund . . .« Auf diese Vereinbarung mit Gott hin wich nun tatsächlich die Schwermut von mir. Deutlich erinnerte er mich nun an seinen vor drei Jahren ergangenen Ruf in seinen Dienst. M. . . war so reif, daß sie mich zur selben Zeit innerlich völlig freigab.

So führte mich mein Weg in die Bibelschule Adelshofen, wo ich mich für eine missionarische Arbeit ausbilden lasse.

Jesus – Revolutionär, Superstar oder was sonst?

Er war nach Leib und Seele ein gewöhnlicher Mensch; aber seine Person war die Person Gottes in der Gestalt und in den Schranken menschlicher Existenz.

Sayers[53]

Christus ist der einzige nicht wiederholbare Punkt, in dem das Göttliche und Menschliche sich vereinigt haben.

N. Berdjajew[54]

Es ist eine schreckliche Anklage gegen die Kirche, daß es ihr irgendwie gelungen ist, Jesus das Image eines freundlich-gutmütigen, schwächlich-defensiven, negativ-konservativen Menschen zu geben, der auf der Seite der Bourgeoisie steht.

Michael Green[55]

In unsrer Zeit versuchen gewisse Leute, die Impulse des Neuen Testaments für einen gesellschaftlichen Neubau fruchtbar zu machen. Vor einiger Zeit hatte ich ein Gespräch mit einem Anhänger dieser Richtung aus einer theologischen Basisgruppe. Es begann wie folgt:

»Es gilt nun für den sozialistischen Aufbau Deutschlands zu kämpfen. Leider hat Adenauer die politische Einigung unseres Volkes in den fünfziger Jahren versäumt . . .«

»Mir kommen Ihre Vorstellungen reichlich utopisch vor . . .«

»Ist nicht auch das Reich Gottes eine Utopie?«

»Nein, das Reich Gottes ist keine Utopie, sondern eine Realität, die man erfahren kann.«

Wäre die Sicht dieses sozialrevolutionär eingestellten Studenten richtig, so enthielte das Neue Testament eine humanistische Programmatik, die ohne Tod und Auferstehung Christi realisiert werden könnte. Das ist aber nicht der Fall! Das Neue Testament bringt den Plan Gottes mit der Menschheit, d. h. vor allem mit dem Prozentsatz derjenigen, die offen für seine Botschaft sind. Seine Absichten geben daher nicht ein sozialpolitisches Konzept ab, das mit entsprechendem Einsatz zu verwirklichen wäre. Sonst könnte ja jeder Reformer es realisieren. Aber die Vergegenwärtigung der Impulse des Neuen Testaments hängt ganz und gar mit der Person Jesu zusammen. Ohne lebendigen Kontakt mit ihm geht es nicht!

Aber viele junge Progressive sehen die Gestalt Jesu ähnlich illusorisch. Der Mann von Nazareth wird zum Vorkämpfer für eine sozial besser gestellte Gesellschaft. Man möchte ihn darum zum gesellschaftlichen Revolutionär umfunktionieren. Damit wird jedoch seine Botschaft umgedeutet. Geht es denn Jesus in erster Linie um die Besserung der sozialen Verhältnisse oder nicht vielmehr um die Erneuerung des Menschen? Was helfen wirtschaftliche und soziale Reformen, wenn ihr Träger doch derselbe bleibt und in seiner zersetzenden Tendenz alles wieder in Frage stellt!? Wäre Jesus nur ein vorbildlicher Revolutionär, eine Art Super-Che-Guevarra, meinen Sie, die Welt wäre auch nur um ein Jota besser?

Tatsache aber ist, daß gewisse studentische Gruppen die Person Jesu ideologisch umdeuten möchten. Dafür folgende Äußerung nach einem Vortrag von Kirchenrat Fr.

Komoss, Stuttgart, im Jahre 1971: »Bald werden wir sagen, die Christen sind die größten Schweine dieses Jahrhunderts; denn wegen dieses Komikers aus Nazareth tanzen sie ständig aus der Reihe und lassen sich nirgends vor den Wagen irgendeiner heute ach so nötigen Ideologie spannen.«

Was ist es nun aber mit Jesus als dem Superstar der Hippies? Es ist hier nicht die Rede von dem bekannten Film »Jesus Christus Superstar«, der eine Entstellung der Person Jesu bringt. Viele vergammelte Typen haben, meist im Rahmen der Jesus-People-Bewegung, durch persönlichen Christuskontakt eine Befreiung von Drogen, Süchten, Leidenschaften und Verbrechen erfahren. Ein Hippiemädchen sagte: »Es war wie ein Wunder. Ich brauchte kein Heroin mehr.«

Wer wollte die Echtheit einer solchen Umwandlung anzweifeln, wenn selbst kritische Journalisten sie respektieren? Warum sollen die jungen Leute ihrem Milieu entsprechend nicht zunächst einmal von Jesus als dem Superstar reden? Sie werden schon von allein merken, daß sie mit diesem Schlagwort ihm nicht gerecht werden.

Wie sieht nun aber das Neue Testament Jesus? Nach seinen Berichten nahm Gott in Jesus menschliche Existenz an und lebte etwa dreiunddreißig Jahre während und nach der Regierungszeit des römischen Kaisers Augustus in Palästina. Selbst ein Dichter vom Format Dostojewskis spricht von Jesus als dem »Wunder der Geschichte«. Und der englische Historiker Toynbee sagt: »Es gibt den Erlöser – den in dem Menschen Jesus von Nazareth inkarnierten Gott.«

Jesus hat nie in systematischer Form über sich gesprochen. Er hat keine christologischen Kollegs gelesen, wohl aber von Fall zu Fall dem Kreis seiner zwölf Nachfolger nach dem Maß ihres Verständnisses Aufschluß über sich selbst gegeben. Er war alles andere als ein Dozent, religiöser Organisator oder gar Reformator. Viel eher war er Menschenfischer, Seelsorger, außerordentlicher Gesandter Gottes, ja sein Generalbevollmächtigter. Aber das alles umfaßt noch nicht das Geheimnis seiner Person!

In der modernen Theologie spricht man gern von ihm als dem Offenbarer. Aber was hilft dieser Schlüsselbegriff, wenn man damit doch nur sagen will, er sei ein vorbildlicher Ausnahmemensch gewesen? Sehen wir uns doch daraufhin einmal einige seiner Worte an!

Mit unglaublicher Selbständigkeit steht Jesus der jüdischen Tradition gegenüber. Darum korrigiert und verdeutlicht er auch die alttestamentliche Überlieferung, wenn es ihm notwendig erscheint. So legt er z. B. die zehn Gebote in einer Weise aus, die unter die Haut geht. Mit der autoritativen Einleitung: »Ich aber sage euch . . .«[56] schiebt er die bedeutendste Gestalt der jüdischen Geschichte – Moses – auf die Seite und meldet seinen höchstpersönlichen Anspruch an. Selbst ein marxistischer Philosoph wie V. Gardavsky kommentiert das wie folgt: »Mit jedem ›Ich aber sage euch‹ verkündet Jesus eine Liebe, die so radikal ist, daß sie Wunder bewirkt . . .«[57]

Seine liberalistischen Gegner, die eine leibliche Auferstehung leugnen, bringt der Nazarener in nicht geringe Verlegenheit, wenn er ihnen zuruft: ». . . Daß aber die Toten auferstehen, hat auch Mose bezeugt bei dem Busch, da er den Herrn heißt Gott Abrahams, Isaaks und Jakobs. Gott aber ist nicht der Toten, sondern der Lebendigen Gott.«[58] Er macht den Anspruch Gottes in einer Weise geltend, daß es seinen Zeitgenossen die Sprache verschlägt und sie buchstäblich nichts mehr zu sagen wissen.

Ja, er treibt die Auseinandersetzung auf die Spitze, wenn er seinen jüdischen Kritikern, die ihn glaubensmäßig nicht einzuordnen verstehen, Worte von einem einzigartigen Selbstbewußtsein zuruft: »Ich bin der Weg und die Wahrheit und das Leben; niemand kommt zum Vater als durch mich. Ich bin das Licht der Welt . . .« Wohlgemerkt, er sagt nicht wie Buddha: »Ich suche die Wahrheit!« Jesus beansprucht vielmehr, die Wahrheit in Person zu sein. In Jesus tritt uns also nicht die Wahrheit als theologischer Begriff, als philosophisches System, als politische oder ökonomische Ideologie entgegen, sondern als Personifizierung der Wahrheit! Darum spricht Kierkegaard von ihm als »dem Paradox, durch das das Historische verewigt und das Ewige historisch wird«.

Nicht alle lieben eine so desillusionierende Gestalt. Aber ist es nicht viel besser, von dem Zauber seiner eigenen Gedanken, die doch, bei Licht besehen, oft einen Stich ins Illusionäre und Unwirkliche haben, durch eine Begegnung mit einer Persönlichkeit wie Jesus von Nazareth sie darstellt, freizuwerden? Letzten Endes gibt es ihm gegenüber darum nur eine Alternative: entweder ist das, was er sagt, Hirnverbranntheit, oder er ist tatsächlich die geschichtliche Verkörperung der Wahrheit. Dann allerdings wäre es höchst gefährlich, seinen Anspruch nicht ernst zu nehmen.

Mit solchen Äußerungen provoziert er seine Zeitgenossen, vor allem das Establishment, in unglaublicher Weise. Bedenken Sie, wie diese Worte von einem Volk aufgenommen werden mußten, das einen ausgesprochenen Monotheismus vertrat! Klang das nicht nach Gotteslästerung? So jedenfalls interpretierten ihn seine theologischen Gegner, die Hohenpriester, Ältesten und Pharisäer. Aber gegen Ende seines Lebens sucht Jesus geradezu die Auseinandersetzung um seine Person. Seine Zuhörer, die Kritiker sowohl wie die Sympathisanten, sollten Position ihm gegenüber beziehen.

Was hätten Sie wohl gesagt, wenn Ihnen eines Tages einer in den Weg getreten wäre, der von sich gesagt hätte: »Ehe denn Abraham ward, bin ich . . . Ich und der Vater sind eins . . .!?«[59] Wie hätten Sie darauf reagiert? Hätten Sie ihm das abgenommen oder sich vermutlich skeptisch abgewandt und gedacht: der Mann leidet an einem überspitzten Selbstgefühl? Ja, Jesus von Nazareth provoziert auch uns, er schreckt aus der satten Gemütlichkeit und bürgerlichen Behäbigkeit auf. Er war schon für seine Zeitgenossen kein Leisetreter, sondern ein beunruhigender Provokateur.

Eins ist auf jeden Fall klar: Mit solchen Äußerungen meldet er seinen Absolutheitsanspruch an! Er sprengt damit den Rahmen einer menschlichen Persönlichkeit und vertritt für sich eine überweltliche Transzendenz, d. h. eine gottgleiche Stellung, was verständlicherweise den entschlossenen und zu allem bereiten Widerstand seiner Gegner hervorruft. Das gilt auch, wenn er von sich als dem »Menschensohn« spricht und sich damit als den kommenden Weltenrichter zu erkennen gibt. Gegen Ende seines Lebens lüftet er vollkommen sein Inkognito und bekennt sich in aller Öffentlichkeit zu seinem Anspruch, der Sohn Gottes zu sein.[60]

Diese Aussagen haben schon seine Zeitgenossen als harte Zumutung empfunden. Aber kann man sie als Größenwahn abtun, wie das etwa bei dem einen oder andern der geschichtlichen Akteure möglich ist? Bei Jesus erscheint das höchst unglaubhaft, bedenkt man seine einzigartige Persönlichkeit, seine Selbstlosigkeit, seine Liebe, überhaupt sein hohes ethisches Niveau und sein Engagement für die Unterprivilegierten und Ausgestoßenen der Gesellschaft, dazu seine Klugheit und nüchterne Einschätzung der Welt und ihrer Möglichkeiten. Freilich, ein letzter Rest von Unerklärbarem und Rätselhaftem bleibt! Sie haben damit die Wahl, in Skepsis ihm gegenüber zu verharren, wie das ein großer Teil seiner Zeitgenossen getan hat, weshalb sie auch nie das Mysterium seiner Persönlichkeit begriffen haben. Jesus blieb für sie ein Fanatiker, ein Hochstapler, ein falscher Prophet. Oder Sie können versuchen, zu dem großen Unbekannten in persönliche Verbindung zu treten, indem Sie ihm Glauben schenken. Durch diesen Kontakt werden Sie Erfahrungen machen, die Ihnen eine nur rationale Stellungnahme nie bringen würde. So gesehen, wäre Skepsis Flucht vor einer notwendigen Entscheidung ihm gegenüber.

Jesus war zu der herrschenden Klasse in Kollision geraten. Darum sah er nüchtern und realistisch seinen Tod vor sich. Und zwar nicht nur als Folge des gegen ihn aufflammenden Hasses, sondern als den ihm von Gott vorgezeichneten Weg zur Versöhnung der Welt. Ohne das bedingungslose und doch freiwillige Ja zu Gottes Willen wäre die Hinrichtung am römischen Galgen und der qualvolle Tod, der damit verbunden war, auch für Jesus nicht möglich gewesen. Aber er weiß, daß unsere Rebellion gegen Gott uns alle in eine unmögliche Lage gebracht hat, in die Gottesferne, die schließlich den ewigen Tod zur Folge haben wird. Darum nützt er die einzige Möglichkeit, die es zur Liquidierung der menschlichen Schuld gibt, und »bezahlt« mit seinem Leben, was kein Schuldiger hätte bezahlen können.

Kennen Sie die Worte Jesajas über das Leiden des unschuldigen Gottesknechts? »Er war der Allerverachtetste . . . Die Strafe liegt auf ihm, auf daß wir Frieden hätten, und durch seine Wunden sind wir geheilt.«[61] Warum muß der Prophet das sagen? Nicht nur, um damit das Bild des Schmerzensmannes Jahrhunderte vorher zu zeichnen, was übrigens von keinem der großen Religionsstifter gesagt werden kann. Vor allem aber, um damit auszudrükken, daß der Gekreuzigte Ihre Strafe getragen hat! Die Strafe für Ihren Egoismus und Ihre Selbstbeweihräucherung, Ihre Rücksichtslosigkeit und Bitterkeit, Ihre Habgier und sexuelle Begehrlichkeit . . .! Für all das hat der Mann von Golgatha gelitten!

Ein früherer SS-Mann vertraute mir an, wie ihn der Umstand, im Krieg einen Russen, der eine Brücke sprengen wollte, erschossen zu haben, zu schaffen mache. Er hatte damit zwar nur einen militärischen Befehl ausgeführt, aber sein Gewissen gab sich damit nicht zufrieden. Ich verstand seine tragische Situation zutiefst. Was soll man in solchen Fällen sagen, wenn man nicht auf das stellvertretende Sterben Jesu hinweisen kann? Wir brachten also seine Schuld im Gebet vor den Gekreuzigten, und fortan schwieg sein Gewissen darüber.

Wenn Sie nicht so persönlich den Sühnetod Jesu verstehen, hat sein Leben und Sterben für Sie überhaupt einen Sinn, der über den eines bloßen Vorbildes hinausgeht? Werden Sie nicht allein bleiben mit Ihrer Schuld, wenn Ihr Gewissen Ihnen einmal die wunden Punkte in Ihrer Vergangenheit vorhält?

Da gibt es nun tatsächlich anerkannte Theologen, die den Mut aufbringen, die Passion Jesu als jüdischen Opferkult zu erklären. Gibt es aber eine andere Lösung als diese nicht-humanistische, um unsere Schuld zu liquidieren? Jesus hat kurz nach seinem öffentlichen Auftreten immer wieder auf seinen Versöhnungstod hingewiesen als Sinn seiner Sendung. Sollte das alles nur als Interpretation einer nachträglichen Gemeindetheologie verstanden werden? Keiner wird das akzeptieren können, der an der Geschichtlichkeit der Evangelien festhält.

Als ein Vertreter dieser Kritik sei hier nur Ernst Bloch zitiert, der von seinem marxistischen Denkschema her den Nazarener so sieht: »Jesus starb als Rebell und Märtyrer, nicht als Zahlmeister.« Kann man so sprechen, wenn man um die Realität menschlicher Schuld weiß? Denken Sie doch nur an die sechs bis sieben Millionen Juden, die wir Deutschen auf dem Gewissen haben! Viele leiden unter der Teilung Deutschlands. Auch mir ging es so, bis ich erkannte: es sind ja letzten Endes gar nicht allein unsre früheren Kriegsgegner, die hinter dieser geschichtlichen Katastrophe stehen. Das wäre nur eine kurzschlüssige Geschichtsbetrachtung. Gott steht vor allem dahinter, er sucht das Blut seines Volkes an uns heim! Was wollen wir in dieser Angelegenheit anderes tun als zu unsrer Schuld stehen und auch dafür die Vergebung in Anspruch nehmen? Vielleicht wären die Begriffe: Vaterland, Nation, Einheit für unsre jungen Leute heute nicht mehr tabu, wenn wir unsere belastete Vergangenheit unter dem Kreuze Christi bewältigt hätten.

Nun endet aber die Geschichte Jesu nicht mit Golgatha. Der Gekreuzigte ist auferstanden! Ohne seine Auferstehung wäre er heute ein vergessener Mann. Aber durch seine leibhaftige Auferweckung hat sich Gott vor aller Welt zu dem Geächteten bekannt und ihn rehabilitiert. »Jetzt war der Gescheiterte von Gott beglaubigt, und alles sah anders aus. Jetzt mußte man herausfinden, warum Jesus gestorben war.«[62]

Nun gibt es freilich Leute, die zweifeln an der Geschichtlichkeit der Person Jesu. Vor allem marxistische Schriftsteller verfolgen damit eine ganz bestimmte Taktik: Greift der Zweifel an der geschichtlichen Existenz Jesu um sich, so fällt damit die christliche Lehre wie ein Kartenhaus in sich zusammen. So schreibt z. B. Mitschulin: »Damals aber wurde auch mitten aus dem Volke heraus der Mythos von Jesus Christus geschaffen, dem Gottmenschen, welcher lehrte, daß man alle Leiden geduldig ertragen müsse, weil alle Leidenden und Unterdrückten nach dem Tod ihre Belohnung erhalten würden . . . Der Mythos wurde anfangs mündlich geformt und erst später niedergeschrieben. In keinem der historischen Werke jener Zeit steht ein Wort über das Leben von Jesus Christus.«

Das ist aber reinste Geschichtsfälschung. Nicht nur, daß die Evangelien auf sorgfältigen, zunächst meist mündlichen Überlieferungen der Worte und Taten Jesu beruhen, es gibt auch hinreichend außerbiblische Autoren, die von der Persönlichkeit Christi sprechen. Um nur den berühmtesten, Tacitus, zu zitieren, der berichtet: »Der Name Christen wird von Christus abgeleitet, der von dem Prokurator Pilatus während der Herrschaft des Tiberius hingerichtet wurde . . .«[63] Auch Plinius, Sueton und der jüdische Historiker Josephus schreiben neben anderen von dem Leben Christi unter der Regierung des Tiberius. Das ist völlig ausreichend, um die Historizität Jesu zu begründen.

Freilich kann man sich die Frage stellen: Hat denn das Leben Jesu am Lauf der Dinge etwas geändert? Um den Einfluß Christi auf die Geschichte nur etwas zu verdeutlichen, denken Sie doch nur einmal all die Menschen weg, die in besonderer Weise Träger seines Geistes waren: Franziskus, Luther, Calvin, Zinzendorf, Wesley, Finney,

Moody . . . Nehmen Sie dazu noch den Einfluß der Stillen im Lande auf ihre Umgebung, und Sie sehen schon etwas klarer. Selbst Heinrich Böll sagt dazu: »Es ist doch eine gespenstige Vorstellung, wie diese Welt aussähe, hätte sich die nackte Walze einer Geschichte ohne Christus über sie hinweggeschoben. Ich überlasse es jedem einzelnen, sich den Alptraum einer heidnischen Welt vorzustellen oder einer Welt, in der die Gottlosigkeit konsequent praktiziert würde, nämlich den Menschen in die Hände des Menschen fallen zu lassen.«

Freilich ist das alles nur ein armseliger Versuch, um begreiflich zu machen, was nur schwer begreiflich zu machen ist, daß Jesus eine überaus geschichtsmächtige Persönlichkeit ist. Die Wiederkunft des Auferstandenen, von der er selber spricht, wird es aller Welt vor Augen führen, wer er in Wirklichkeit ist.

Bill Bright, Gründer und Leiter von Campus Crusade, schreibt, daß er während seines Lebens niemand begegnet sei, der hätte sagen können: »Ich habe mich mit den Behauptungen Jesu und dem historischen Beweismaterial intensiv befaßt, aber ich kann nicht glauben, daß er Gottes Sohn ist.« Eines Tages stellte ihm ein Universitätsprofessor die Frage: »Was würden Sie mir sagen, wenn ich Christ werden sollte?« Bright nahm ein Stück Papier, malte einen Kreis und zeichnete dahinein einen Thron mit dem Buchstaben E darauf, der das Ego oder Ich darstellte. Dann machte er dem Professor klar, daß jemand, der Christ werden will, die Kontrolle seines Lebens an Christus übergeben muß. Ihm gehöre der Thron. »Hier liegt ja gerade mein Problem«, erwiderte der Professor. »Intellektueller Stolz hat mich bisher von diesem Schritt abgehalten. In meiner Laufbahn wurden mir so viele Ehren zuteil, daß ich nicht mehr bereit war, mich vor Gott zu beugen.« Die

Folge dieses offenen Gesprächs war, daß der Universitätslehrer Christus annahm.

Jesus Christus ist auch für Sie eine echte Herausforderung. Wenn Sie sich mit seiner Persönlichkeit befaßt haben und begriffen haben, daß er ihr Leben entscheidend verändern kann, dann ziehen Sie doch die Konsequenzen daraus! Er ist die große Chance, die Gott Ihnen wie jedermann anbietet. Das zu erkennen ist der springende Punkt in Ihrem Leben und darum eine Frage um »Sein oder Nichtsein«.

Nachstehend der Bericht einer Frau, die durch schweres Erleben Christus als Mittler und Befreier erkannte:

Meinen ersten Mann, einen Musiklehrer am Gymnasium, habe ich im Gefolge der russischen Offensive in Ostpreußen 1945 verloren. Wiewohl ich unter dem Schock der Todesnachricht zusammengebrochen war, konnte ich doch mit einem Schiffstransport, wenn auch unter Schwierigkeiten, über Gotenhafen nach Schleswig-Holstein gelangen. Meiner drei Kinder wegen ging ich aufs Land und wohnte bei einem Großbauern. Als nach der Kapitulation die ausländischen Arbeiter weggegangen waren, halfen wir freiwillig in der Landwirtschaft mit, und das unter äußerst harten Bedingungen. Fünf Jahre lang ging das so.

1950 kamen wir nach Baden. Bei der Anmeldung meines Sohnes zum Konfirmandenunterricht erlebte ich etwas Ungewohntes: der Stadtpfarrer von A., zu dessen Kirchspiel wir gehörten, nahm sich sehr viel Zeit für mich und gab mir auch beim Weggang ein Losungsbuch mit. Ich fing an darin zu lesen, weil ich spürte, daß die Bibel eine Antwort auf meine Probleme hat.

1951 lernte ich meinen jetzigen Mann, einen Pfarrer, kennen. Eines Sonntags vernahm ich im Gottesdienst das Jesuswort: »Ich bin der Weg und die Wahrheit und das Leben; niemand kommt zum Vater als durch mich.« Diese Selbstaussage Jesu ließ mich nicht mehr los. Bis dahin hatte ich nämlich nicht viel mit ihm anfangen können. Ich hatte ja nur von ihm als einem edlen Vorbild gehört. Jetzt aber merkte ich, daß ich Jesus persönlich brauchte, weil er ja der Mittler zu Gott ist. Es zog mich von nun an förmlich in jeden Gottesdienst! Auch fing ich an, mit meinen Kindern zu beten, was ich vorher nicht getan hatte. So änderte sich vieles in meinem Leben. Es wurde mir auch deutlich, daß ich auf das ausbeuterische Verhalten meiner früheren Wirtsleute mit Negativität, ja mit Haß reagiert hatte. Durch den Kontakt mit Christus wurde ich bereit, zu verzeihen und Böses mit Gutem zu vergelten.

Schon früher hatte ich meinem Mann als Mitarbeiterin im Pfarramt geholfen, was ich nun nach unsrer Verheiratung noch mehr tun konnte. Er ist gebürtiger Schlesier und konnte wie ich durch die in gleicher Weise erlebte Flüchtlingsnot die Probleme der Umsiedler gut verstehen und ihnen dadurch auch raten und helfen.

Unser Ziel ist es, in persönlichen Gesprächen suchenden und fragenden Menschen zur Seite zu stehen und, wenn möglich, sie zu Christus zu führen.

Schicksal oder Führung?

... es schwinden, es fallen die leidenden Menschen blindlings von einer Stunde zur andern, wie Wasser von Klippe zu Klippe geworfen, jahrlang ins Ungewisse hinab. Hölderlin[64]

Christus war kein Übermensch, das dürfen Sie mir glauben. Er hat seine Todesangst herausgeschrien, und darum liebe ich ihn, meinen Freund, der da starb mit der Frage auf den Lippen. Camus[65]

Alle Philosophen bislang haben nachgedacht über das Schicksal ... Er (Christus) hat ihre ganze Narrheit aufgedeckt, er, der das genaue Gegenteil von »Schicksal« ist, er – die Freiheit, die Schöpfung und das Leben ... Garaudy

Die Verse Hölderlins dürften vielen aus dem Herzen gesprochen sein als Ausdruck eigener Lebenserfahrung; denn viele unserer Zeitgenossen sind schicksalgläubig. Sobald in ihrem Leben die Lichter ausgehen, d. h. sie in ernste Lebenskrisen geraten, denken sie, sie seien einem finsteren Etwas ausgeliefert. Die Griechen sprachen von der »Moira«. Die Germanen von den Nornen. Und der Islam redet vom »Kismet«. Drei Ausdrücke für dieselbe Sache! K. Heim sagt dazu: »Der moderne Mensch neigt zum Schicksalsglauben. Er will die grausamen und widrigen Weltverhältnisse allein dafür verantwortlich machen, wenn er mit dem Leben nicht fertig wird. In der Schuld der anderen sucht der Mensch ein Alibi, der eigenen Schuldverantwortung zu entgehen.« Schicksal ist es also in der

Sicht dieser Leute, wenn ein Herzinfarkt leistungsfähige Männer mitten aus ihrer Arbeit reißt oder ein Flugzeugabsturz vielen einen schnellen Tod bringt, wenn Krebs oder multiple Sklerose ein frühes Siechtum bringen oder eheliche Zerwürfnisse ein eben noch glückliches Paar seelisch bis zum Lebensüberdruß herabstimmen.

Eine Frau hatte als junges Mädchen einen wohlsituierten älteren Herrn geheiratet. Aber bald stellte sich heraus, daß er sexuell süchtig war und sie infolgedessen überforderte, so daß sie als einzigen Ausweg nur eine frühe Scheidung sah. Schicksal!?

Manchmal verbindet sich mit einem schicksalhaften Erleben das Moment der Schuld. Camus schildert in einem seiner Romane einen solchen »Fall«: Ein erfolgreicher Pariser Strafverteidiger bewegt sich an der Oberfläche des Lebens. Sein Tun und Lassen war von Langeweile und Zerstreutheit bestimmt. Dieses Leben wird jedoch plötzlich gestört, als er eines Nachts beim Überqueren einer Seine-Brücke die Hilferufe einer Ertrinkenden hört, aber nichts unternimmt. Das Bewußtsein, schuldig geworden zu sein, treibt ihn schließlich dazu, seine glänzende Laufbahn aufzugeben und als Bußrichter weiter Arme und Asoziale im Amsterdamer Hafenviertel zu beraten.

Oberflächliche Typen verklagen leicht andere in bitteren Stunden. Wer kennt das nicht aus eigener Erfahrung? Andere hingegen, wie im »Fall« Camus, suchen ihr Versagen wiedergutzumachen. Aber kann man das? Schon im Blick auf das Versagen Menschen gegenüber hat das seine Grenzen. Und wie steht's damit im Blick auf Gott? Wer in eine solche schicksalhafte Sackgasse gerät, verzweifelt entweder darüber oder stößt auf den Schicksalsüberwinder: Christus.

Schon der Marxist Garaudy, der von der Gestalt Jesu nie losgekommen ist, hat etwas davon begriffen. Christus, der seinen Schmerzensweg hundertprozentig bejahte und eben dadurch nicht ein passiv Überwältigter gesellschaftlicher Zwänge wurde, sondern in absoluter Freiheit sein Leben schöpferisch für die Sache Gottes, die doch zugleich die der Menschheit war, gab, wurde zum Besieger eines heidnischen Schicksalsglaubens.

Was wollen Sie nun machen? In Negation und Verbitterung verharren oder aus dem Bann des Schicksalsglaubens zur Freude eines durch Christus befreiten Lebens und zur Gewißheit seiner Führung durchdringen? Das müssen Sie sich überlegen! Von allein passiert nichts. Wenn Sie aber Ihre Fehlkalkulation in Ihrer bisherigen Lebensplanung einsehen und Christus in Anspruch nehmen wollen, so kann er eine neue Seite in dem Buche Ihres Lebens aufschlagen.

Nach dem Krieg saßen SS-Offiziere, auf die jahrelange Haft wartete, in französischen Gefängnissen. Begreiflich, daß sie resignierten. Einem deutschen Pfarrer wurde es indes von den zuständigen französischen Behörden erlaubt, sie zu besuchen. Es gelang ihm auch, vielen ihre Situation von Gott her zu deuten. Und das Seltsame begab sich: In dem Augenblick, da die Gefangenen sich nicht mehr als Opfer eines brutalen Regimes ansahen, sondern erkannten, daß sie aktiv schuldig geworden waren, als sie sich zur Befehlsempfängern einer Gewaltherrschaft erniedrigt hatten,veränderte sich ihr Verhalten. Sie wurden frei von Schwermut und Verzweiflung und vermochten aus der Gefangenschaft eines heidnischen Schicksalsglaubens auszubrechen und sich auch in fremden Verliesen der Fürsorge und dem Schutz Gottes zu befehlen.

Wie ist das zu erklären? Nun, die Männer begriffen, daß ihre Inhaftierung nicht auf purem Zufall beruhte, sondern daß Gott dahinterstand. So ergaben sie sich nicht einer stoischen Gelassenheit oder einer müden Resignation. Sie ließen die Dinge nicht einfach treiben, wie es einem Nihilismus entspricht, der vom Leben nichts mehr erwartet. In der Lage, in der sie sich befanden, war auch keine Sühne für ihre Vergangenheit möglich. Dazu waren ihnen ja die Hände gebunden. In solchen Stunden ist schon die Einsicht eine Hilfe, Christus als Genossen seiner einsamen Wege und als Begleiter zu kennen. Aber die SS-Männer gingen noch einen Schritt weiter: Sie erkannten Jesus als den Versöhner ihrer Schuld und nahmen ihn als solchen in Anspruch. Schließlich hat er ja sein Leben gegeben für alle menschlichen Verbrechen, ob groß oder klein!

Wieviel tragische Verwicklungen in der deutschen Geschichte gingen letzten Endes darauf zurück, daß führende Männer in Arroganz und Selbstsicherheit glaubten, Schicksal spielen zu können, und dann doch darüber in verzweifelten Kurzschlüssen jämmerlich gescheitert sind. Wird Christus eine Realität für einen Menschen, so muß er weder selber Schicksal spielen noch in Angst vor übermächtigen Gewalten seinem Leben ein Ende setzen und gar noch seine Umgebung in den Abgrund reißen. Wo solche Erkenntnis Platz greift, ist es auch zu Ende mit dem Zickzack in der deutschen Geschichte vom übersteigerten Nationalismus zum politischen Servilismus.

Die Begegnung mit Christus bringt also nicht nur die Lösung der Schuldfrage bzw. des ganzen Schuldkomplexes, sondern auch die Bewältigung unsrer Schicksalsnot. In dem Augenblick, da wir Jesus für unsre Schuld in Anspruch nehmen, kommen wir aus der Schicksalsverfallenheit unter seine Führung. Damit verlieren alle versklavenden Strukturen übermächtiger Verhältnisse, alle demütigenden Abhängigkeiten, ja alle neurotischen Verhaltensweisen ihre Gewalt über uns. Wir werden in Wahrheit frei von äußeren Einflüssen, die doch nur deshalb eine so beunruhigende Macht über uns ausüben können, weil wir uns vor ihnen fürchten. Christus kann von allen negativen Erlebnissen in der Vergangenheit, von allen seelischen Traumata bis hin zum KZ-Syndrom, das die davon Befallenen oft noch bis in die Träume verfolgt, heilen. Er allein ist die Rettung aus der Schicksalsverfallenheit der Moderne!

Hier ist das Zeugnis einer Frau und Mutter, die der plötzliche Tod ihres Mannes nicht zu Resignation und Anklagen gegen ein vermeintlich unverdientes Schicksal veranlaßte, sondern die im Gegenteil darin Stück für Stück Gottes Führung erkennen konnte. Alle Härte ihres Lebenswegs erhielt dadurch ein positives Vorzeichen.

Das Telefon klingelte!

Ich fragte mich: Wird es eine Nachricht von meinem kranken Mann sein? Er lag zur Untersuchung in einer Spezialklinik in einer weit entfernten Stadt. Voller Bangigkeit nehme ich den Hörer ab.

»Frau R . . .? Der Herr Professor möchte Sie sprechen!«

Eine ruhige Arztstimme versuchte mir zu erklären, daß bei meinem Mann eine schwierige Operation unumgänglich sei. Ich möchte sofort die weite Reise unternehmen, um in seiner Nähe zu sein.

»Ja, ich werde morgen abend in Ihrem Krankenhaus eintreffen!«

Langsam legte ich den Hörer auf. Es war mir, als stünde

eine drohende schwarze Wolke über meinem Kopf, bereit, ihr Grauen über mich auszugießen. Da kamen mir die angstvollen Worte Jesu im Garten Gethsemane in den Sinn. Wer hatte sie mir zugeflüstert? »Vater, ist's möglich, so laß diesen Kelch an mir vorübergehen!« flehte ich; denn ich wußte, ich war unfähig, dieses Bittre zu trinken. Meine Eltern waren sofort bereit, meine Kinder zu betreuen. So machte ich mich auf die Reise. Aber die schwarze Wolke begleitete mich: »Wie, wenn dein Hermann sterben würde?« – »Nein! Nein! Alles, nur dieses nicht!« wehrte sich mein Inneres dagegen. Der Gedanke an einen möglichen Verlust meines Mannes war mir so unerträglich, daß ich ihn verdrängte und in einem Buch las. Ich würde überhaupt nicht allein leben können; denn im Grunde hatte ich nie recht gelernt, selbständig zu sein. Bisher hatte ich zuerst unter den Fittichen meines Vaters und dann an der Seite meines Mannes gelebt, der mich fast von der Schulbank weg geheiratet hatte.

»O Gott, etwas so Schreckliches kannst du mir doch nicht antun!« betete ich.

Am Abend traf ich in dem großen Hospital ein. Mein Mann lag erschöpft in seinem Bett, aber sein Gesicht wurde hell und strahlend, als er mich sah. Ach, so war es immer gewesen! »Ich wußte, daß du kommen würdest!« sagte er glücklich.

Wir sprachen von der bevorstehenden Operation, vom Gesundwerden und Wiederbeisammensein, aber mit keinem Wort erwähnten wir das Sterben und den Tod. Keines zeigte dem andern die geheime Angst, die es hatte.

»Sag mir noch ein Bibelwort zum Abschied!« bat mein Mann, als ich ihm eine gute Nacht wünschte. Ratlos horchte ich nach innen, ob mir nicht ein Bibelwort einfiele. War da jemand, der mich beraten könnte?

»Wer will uns scheiden von der Liebe Gottes? Ich bin gewiß, daß weder Tod noch Leben, weder Gegenwärtiges noch Zukünftiges noch gar nichts uns jemals von dieser Liebe trennen kann«, hörte ich mich reden.

Wir beteten noch zusammen, zuerst mein Mann, dann ich. Es war mir, als würden wir in den Abgrund der Liebe Gottes schauen. Die schwarze Wolke war verschwunden, Trost und Stärkung und eine wunderbare Kraft umgab uns beide. Ein Strom von Frieden schien uns zu tragen. Ganz gleich, was kommen würde, immer wird Gottes Liebe stärker sein!

Am nächsten Morgen erlebte ich während der Operation zum erstenmal, wie es ist, wenn Heere der Angst gegen einen aufmarschieren. Wie bei einer Schlacht machten sie einen Sturmangriff nach dem andern auf mich. Aber Gottes Hand war über mir, wenn ich betete. Das schlug sie immer wieder zurück. Als ich meinen Mann besuchen durfte, da lag er zwar vor mir, aber ach – er war es nicht mehr. Der Tod hatte ihn gezeichnet. Sieben Wochen hat ihm Gott noch gegeben, daß er ausreife, Christus zu begegnen. Sieben Wochen lang habe ich mich an Gottes Arm gehängt und um das Leben meines Mannes gebettelt. Sieben Wochen lang hat mein Herz den vertrautesten Menschen gesucht und nie mehr erreicht, obwohl ich täglich an seinem Bette saß. Ich bin durch Wüsten geirrt und habe Gott gefragt: »Wo ist deine Liebe? Wenn du nicht meinetwegen mir meinen Liebsten erhalten willst, dann doch um unsrer sechs Kinder willen, die du uns geschenkt hast!«

Gewissermaßen als Antwort kam mir ein seltsames Bibelwort in den Sinn, das mir bisher unbekannt schien: »Ich will dich auserwählt machen im Ofen des Elends!«

An einem Freitag atmete mein Mann nur noch flackernd und dünn. Da verstand ich endlich, was ich in den letzten sieben Wochen hätte lernen sollen, nämlich den zweiten Teil von Jesu Gebet in Gethsemane: »Vater, nicht wie ich will, sondern wie du willst!«

Erschöpft gab ich den Kampf auf und sagte nur noch: »Dein Wille geschehe!«

»Wieder wurde mir bewußt, daß ich die ganze Zeit über einen unsichtbaren Begleiter an meiner Seite hatte, der meine Gedanken zu lenken versuchte und der mir nun sagte: »Denk jetzt nicht mehr an dich und deinen Verlust, sondern an deinen sterbenden Mann! Er hört dich, auch wenn er bewußtlos ist!« Ich horchte nach innen und sagte dann laut: »Du frommer und getreuer Knecht, gehe ein zu deines Herrn Freude!«

Am andern Abend ging ich daheim, seltsam gestärkt, von Kinderbett zu Kinderbett. Die Zwillinge waren erst zwei Jahre alt – sie würden bald keine Erinnerung mehr an ihren strahlenden Vater haben. Die fünfjährige blonde Susanne würde ihren Vater besonders entbehren. Und wer würde meinen drei Söhnen, die 9, 10 und 12 Jahre alt waren, helfen, zu Männern heranzureifen? Jedem unsrer Kinder zeichnete ich – kein Mensch hatte mir je so etwas gesagt – ein Kreuz mit dem Finger auf die Kinderstirn: »Ich bringe dir von deinem verstorbenen Vater den Segen! Nun hast du nur noch einen himmlischen Vater. Ihm übergebe ich dich jetzt!« Es war das zweitemal, daß ich jedes meiner schlafenden Kinder bewußt in Gottes Hände legte, zuerst, als ich mit meinem Mann dies Kind zur Taufe gebracht hatte, und nun jetzt, da ich allein war.

Heute, da die Kinder größer und zum Teil schon erwachsen sind und in mancherlei Schwierigkeiten stecken, erinnere ich oft den himmlischen Vater an diesen Akt: »Du bist der Vater für meine Kinder! Ich fühle mich außerstande, die alleinige Verantwortung für sie zu tragen. Sie würde mich erdrücken. Aber du bist da, Vater!«

Nach der Beerdigung meines Mannes erlebte ich, wie sein Sterben und der Tod an sich eine magische Anziehungskraft auf mich hatte. Dauernd starrte ich darauf und konnte meine Gedanken kaum davon losreißen, während gleichzeitig mein Inneres unaufhörlich weinte. Nervlich und körperlich war ich sehr elend und hatte oft unerträgliche Kopfschmerzen. »Sieh nicht mehr auf das Sterben, sondern schau auf zum Horizont!« mahnte mein unsichtbarer Begleiter. Da begann ich in der Bibel und in andern Büchern zu forschen, wie das Leben nach dem Tod beschaffen sei.

Die Trauerlast senkte sich indes unaufhaltsam tiefer auf mich herab und drohte mir Gottes Liebe zu verdunkeln. Ich fragte mich: Hat Gott dich verstoßen? Lastet sein Zorn auf dir? Ist deine Witwenschaft eine Strafe Gottes? Nein! Das Leid ist zwar der schmerzlichste, aber zugleich liebevollste Ausdruck der väterlichen Erziehung gegen seine Kinder. Nur auf diesem Wege ist es ihm möglich, sie zu dem Ziel zu bringen, zu dem er sie berufen hat. Ich entschloß mich also, mit aller Kraft an Gottes Liebe festzuhalten. Mit beiden Händen griff ich danach wie nach einem Rettungsring, um nicht in den Untiefen der Verzweiflung zu versinken.

Es kam mir nun so vor, als ob Gott sorgfältig darüber nachdenke, wie er mir Freude und Erleichterung schaffen könnte, nur um meinen schwachen Glauben an seine

Liebe stark zu machen; denn in geradezu zärtlicher Fürsorge löste er unsere Wohnungs- und Geldprobleme, aber genauso ging er auf meine kleinsten Belange und meine allerpersönlichsten Anliegen ein, so daß ich oft sprachlos war, wie genau er mich kannte.

Tagsüber war ich mit Kindertrubel vollauf beschäftigt. Doch wenn der Abend kam und die Kinder schliefen, war das Haus unheimlich still. Da begannen die Wände meiner Wohnung mich anzuschreien: Verlassen und allein! Von allen und von deinem Mann, verlassen! Wenn ich es nicht mehr aushalten konnte, ging ich manchmal abends zu Bekannten oder in eine Gemeindeveranstaltung, nur um zu spüren, daß ich nicht allein auf der Welt wäre. Aber, wenn ich dann wieder heimkam und das Haus so dunkel dalag, empfing mich schon an der Haustüre die Verlassenheit. Auch ließen mich manche meiner Bekannten spüren, daß sie nach einer gewissen kürzeren oder längeren Zeit ihres Mitgefühls, welche sie selbst festsetzten, nun in ihren eigenen Lebenskreisen mehr als genug beschäftigt seien und ich jetzt kein Anrecht mehr auf ihre Anteilnahme hätte. Aber ich war innerlich zu verwundet und krank; denn Trauer und Verlassenheit sind nun einmal eine schwere Krankheit der Seele, die nur sehr langsam heilt.

Jesus war in Gethsemane bereit geworden, für die Menschheit zu sterben. Auch ich wußte, daß ich an meinem Leid verbluten könnte. Endlich sagte ich Ja zu meiner Lage: »Ja, ich will dran sterben! Komme ich um, so komme ich um! Mit Jesus will ich ausharren und keine Hilfe von Menschen erwarten, die mir doch nicht helfen können!«

Von da an hatte die Traurigkeit keine Allmacht mehr über mich. Wenn sie sich auch immer wieder gleich Wellen zwischen Gottes Liebe und mich schob, so wanderte ich doch in dieser Wüste von Oase zu Oase, von Tröstung zu Tröstung, von einer Durchhilfe zur andern. In Wirklichkeit war ich nie tatsächlich verlassen gewesen, sondern hatte unsichtbar treue Begleiter: den Herrn selbst und seine Engel. Und doch stiegen immer wieder Zweifel in mir hoch: »O Gott, wie willst du das je wiedergutmachen, was du mir angetan hast?« Da hieß es in mir: »Meine Tochter, nun mach doch deine Augen auf! Siehst du denn nicht, daß ich schon längst begonnen habe, dir Gutes zu tun? Warte nur ab, du wirst staunen: Aus Leid wird lauter Herrlichkeit werden!«

Nach und nach bekam ich den Blick dafür, daß mein Weg des Alleinseins unerklärlicherweise gerade der ist, den Gott in großer Liebe für mich ausgesucht hatte. Wenn er auch oft steinig ist, so brauche ich ihn doch nicht allein zu gehen, sondern Gott ist mit mir. Nach mehreren Jahren hatte ich den Eindruck, daß die Wüstenwanderung durch meine Trauerlandschaft nunmehr zu Ende sei und ich nun am Rande eines neuen Landes stünde, das ich nun Schritt für Schritt einzunehmen hätte. Wenn auch neue Belastungen und Proben auf mich zukommen werden, so weiß ich doch aufs Gewisseste: Ich bin von Gott geführt und geliebt!

Wie mit Gott in Ordnung kommen?

Die Süßigkeit der Sünde entspricht der Bitterkeit der Schuld. *W. Goes*

Unsere Generation weiß nichts mehr von der Frage nach dem gnädigen Gott; sie leidet unter der Leere und Sinnlosigkeit des Lebens. *H. Zahrnt*

Jeder läuft mit der unsichtbaren Schlinge der Schuld am Halse den Berg hinauf und hinunter. Jeder wird in der Sackgasse der Schuld geboren.
Siegfried Lenz[66]

Alles wird heute unter psychologischen Aspekten gesehen und damit eben relativiert. Ein Ladendiebstahl ist kein Delikt mehr, sondern höchstens ein Unglück, wenn einer dabei erwischt wird. Was helfen strengere Gesetze dagegen, wenn infolge Fehlens einer allgemein gültigen Wertskala Verbrechen an der Tagesordnung sind! Sucht sich ein Angeklagter vor dem Richter herauszureden, so sieht er das als sein gutes Recht an, ohne sich besonders ein Gewissen daraus zu machen. Schließlich läßt sich dieses als negative Auswirkung überkommener Vaterstrukturen erklären. Alles Konsequenzen eines schrankenlosen Liberalismus, der die Gebote Gottes nicht mehr achtet, sondern nur noch an den Vorteil des Individuums denkt. Ein Leben nach der Ordnung Gottes wird von dem seichten Rationalismus unsrer Tage als jüdische Leistungsreligion hingestellt.

Dem allgemeinen Trend gemäß heißt es heute: Schuld gibt

es gar nicht! Nobody is perfect! Man kann sich auch im Zuge des Psychologismus als Produkt seiner Umgebung ansehen und gewisse Extravaganzen als psychische Verklemmungen deklarieren. Und doch gibt es auch im Gegensatz zu den modernen Slogans ernsthaftere Äußerungen wie die von S. Lenz: »Jeder wird in der Sackgasse der Schuld geboren.«

Eines Tages hat eben im Zuge der säkularistischen Zeitströmung der junge Mann seine Freundin satt oder sie ihn. Der Sex gewährt keine Dauerbefriedigung, auch die Drogen halten nicht, was sie versprechen. Viele flüchten in ein bürgerliches Dasein. Aber die alten Ideale sind erloschen. Kinder bilden für viele moderne Ehen keine rechte Aufgabe mehr, einmal weil die Genußsucht ihnen dabei im Wege steht und zum andern weil der Übergang von der autoritativen Erziehung zur modernen partnerschaftlichen Haltung sich für viele als äußerst schwierig erweist. Der Leistungsdruck unsrer Industriegesellschaft ist für die meisten eine harte Frohn, der sie zu entrinnen suchen, wann immer sie können.

Kein Wunder, wenn selbst Theologen diesen Trend vorprogrammiert haben! Wenn die Frage nach dem gnädigen Gott für den heutigen Menschen nicht mehr existent ist, er sich also vor einem persönlichen Gott nicht mehr verantworten muß, besteht dann noch für ihn die Verpflichtung zur absoluten Ehrlichkeit!? Ist schließlich Gott noch eine ernstzunehmende Wirklichkeit und nicht zu einer abstrakten Mitmenschlichkeits-Chiffre geworden?

Es ist schon eine Ausnahme, wenn ein Mensch bei dieser Zeitströmung sein Versagen nicht in mißlichen Verhältnissen, sondern bei sich selber sucht. Ein junger Forscher vertraute sich einem ihm bekannten Pfarrer an. »Mein

Chef hat mir einen Konkurrenten an die Seite gestellt, der seine wissenschaftlichen Ergebnisse besser als ich an den Mann bringen kann! Ich bin völlig deprimiert darüber!« Da ist echte menschliche Not an den Tag gekommen. Wer soll hier helfen? Die Psychologie? Können Psychologen raten? Gewiß, aber können sie auch die Kraft zum Fertigwerden mit den Berufssorgen verabreichen? Kann es nicht viel besser der, der doch der größte Psychologe ist und der Ihnen zugleich Ihre Sorgen abnimmt, wenn Sie sie ihm auch tatsächlich überlassen?

Als ich noch Gemeindepfarrer war, kam eines Tages eine Frau, die mir infolge ihrer Resignation schon länger aufgefallen war, zu mir. Nach kurzer Einleitung legte sie ein rückhaltloses Bekenntnis ihrer Schuld ab, wozu sie niemand aufgefordert hatte. Offenbar konnte sie aber diese nicht länger für sich behalten, weil ihr Gewissen sie bedrängte. Schon jahrelang hatte sie sich damit herumgeschleppt. Ihre ungeordnete Vergangenheit war auch die Ursache ihrer schwermütigen Verfassung. Nun drang Gott sie, ihre Schuld auszusprechen. Nach ihrem offenherzigen Bekenntnis konnte ich ihr die Vergebung in Jesu Namen zusprechen. Daraufhin war die Frau kaum wiederzuerkennen. So strahlte die Freude über den nunmehr erlangten Frieden mit Gott aus ihrem Antlitz.

Camus soll einmal geäußert haben: »Es müßte eine Instanz geben, an die man sich mit seiner Schuld wenden könnte.« Nun, die gibt's! Es ist Gott selbst. Die Frau hat diese Instanz in Anspruch genommen, wenn auch über einen Seelsorger. Das ist durchaus nicht in jedem Fall notwendig! Hauptsache: man kennt die Stelle, an die man sich wenden kann, wenn das Gewissen erwacht. Diese Erfahrung ist also in keiner Weise eine Einzelerscheinung. Wie auch Sie dazu kommen können?

Wenn ich recht sehe, geht es dabei um ein Dreifaches:

1. Die Erkenntnis unserer verlorenen Existenz vor Gott. Der Mensch hat nun einmal einen Knick in seinem Charakter. Das ist nicht zu leugnen. In der Gesellschaft gibt man das natürlich nicht zu, wenn es einen persönlich angeht. Wer will schon sein Gesicht verlieren? Man denke nur daran, wie Präsident Nixon sein Image verteidigt hat, bis es wirklich nicht mehr ging. Machen wir es so sehr anders?

Schleppen wir nicht einen Rucksack voller Masken mit uns herum, die wir je nach Bedarf verwenden? Eine für den Chef und die Öffentlichkeit, eine für die Familie, eine für die Kameraden, eine für sonntags, eine für die Kirche und Beerdigung . . .! Darin sind wir alle glänzende Schauspieler, es braucht keiner zu lernen, das liegt uns im Blut.

Camus spricht in seiner aller Selbsttäuschung abholden radikalen Ehrlichkeit davon, daß »jeder die Pest in sich trägt, weil kein Mensch, nein, kein Mensch auf der ganzen Welt davon frei ist.«[67] Das ist's, die Pest unsres egoistisch verseuchten Menschentums tragen wir alle in uns. Unser Blut ist infiziert vom Bösen!

Davon merken wir freilich so lange nichts, bis uns eines Tages einer auf die Schulter klopft und sagt: »Schluß jetzt mit der Schauspielerei!« Ich sehe mich noch, als wäre es erst gestern gewesen, wie Jesus mir sagte: »Dein Leben ist eine Flucht vor Gott! Wenn du so weitermachst, bist du verloren!« Das war die Zäsur in meinem Leben, der große Einschnitt. Da war endgültig Schluß mit einem Leben nach eigener Regie, abgesehen von gelegentlichen kleineren Rückfällen.

Haben Sie Ihr wahres Gesicht in biblischer Realistik schon

entdeckt? Es sieht gar nicht so gentlemanlike aus, wie Sie denken! Es trägt vielmehr jene Züge, wie sie der große Menschenkenner als unsre Grundmotive diagnostiziert, wenn er sagt: »Aus dem Herzen der Menschen kommen die bösen Gedanken: Unzucht, Dieberei, Mord, Ehebruch, Habgier, Bosheit (Schlechtigkeiten aller Art), Arglist, Schwelgerei, Mißgunst, Lästerung, Überheblichkeit und Unbesonnenheit.«[68] Können Sie das akzeptieren oder wollen Sie weiter an Ihrem Bild so lange herumretuschieren, bis es Ihren Idealvorstellungen entspricht?

Und diesen Götzen beten Sie an!? Diese moderne Abgötterei ist sehr unter uns vertreten. Einem derartigen Ichkult verfallen sein heißt eine Lebenslüge mit sich herumschleppen, ja eine verlorene Existenz führen.

Dr. M. Joad, Philosoph und bewußter Atheist, bekämpfte jahrelang den christlichen Glauben, bis er eines Tages mit folgender Erklärung an die Öffentlichkeit trat: »Ein Leben lang habe ich philosophische Thesen vertreten, die sagen, Gott sei ein Teil des Universums. Wird das Universum zerstört, so existiert auch Gott nicht mehr. So etwas wie menschliche Sünde habe ich lächerlich gemacht. Meine Überzeugung war: Der Mensch ist gut, und mit etwas Geduld schafft er sich im Laufe der Zeit den Himmel auf Erden. Zwei Weltkriege und ein drohender dritter haben mir das Gegenteil bewiesen. Der Mensch muß böse sein, und die einzige Erklärung dafür finden wir in der Bibel. Der einzige Ausweg für den schuldigen Menschen ist das Kreuz Jesu Christi. Was ich ein Leben lang geleugnet habe, muß ich jetzt ergreifen.«[69]

2. Offenheit ist eine gute Sache, ja sie ist eine Voraussetzung für eine harmonische Atmosphäre in Ehe und Familie. Nicht anders ist es im Völkerleben. Mißtrauen und In-

trigen sind meist der Anfang eines »kalten« oder gar »heißen Krieges«. Warum sollten Eltern mit ihren heranwachsenden Kindern nicht offen Differenzen und Mißverständnisse besprechen? Ist es so schwer, einen Fehler zuzugeben? Auch Väter und Lehrer verlieren nicht an Autorität, wenn sie das tun. Im Gegenteil, es schafft Vertrauen!

Warum nicht auch Gott gegenüber die Karten aufdecken? Warum ihm nicht erklären: »Ich habe die und die Sache falsch gemacht! Ich bin in etwas hineingeschlittert, das nicht gut war! Verzeih mir bitte!« Bricht uns ein aufrichtiges Eingeständnis denn einen Zacken aus unsrer Krone? Ist nicht eine der Nöte unsrer Zeit, daß das seelsorgerliche Gespräch verlorengegangen ist? In USA kam irgendeiner auf die Idee des »bezahlten Beichtvaters«. Nach dieser Methode konnte jeder gegen ein gewisses Honorar einem wildfremden Menschen seine Probleme aussprechen. Ich möchte dieses höchst fragwürdige Experiment natürlich keinem empfehlen, aber zweifellos ist es ein Ventil für seelischen Überdruck. Nun, unsre Zeitgenossen gehen zu den Nervenärzten und Psychotherapeuten, wenn sie mit dem Leben nicht mehr fertig werden. Wäre es aber nicht viel besser, sie gingen damit zu einem Seelsorger, der selber etwas von der lösenden Kraft eines ehrliches Beichtgesprächs weiß?

Wenn es Ihnen darum ernstlich geht, mit Gott in Ordnung zu kommen, dann nehmen Sie ein Blatt Papier und schreiben Sie auf, was Ihnen bei der vorhin erwähnten Diagnose unsrer Motive durch Jesus einfällt! Oder nehmen Sie sich die zehn Gebote her und überschlagen Sie dabei Ihr Leben! Schreiben Sie aber nicht: »Einmal gestohlen!« Nein, nennen Sie Tatort und Personen, die es angeht! Schreiben Sie auch nicht: »Einen schlecht gemacht!« Schreiben Sie: »Herrn X moralisch erledigt!« Schreiben Sie nicht: »Ein-

oder zweimal die Ehe gebrochen!« Nein, gehen Sie damit zu einem Seelsorger und sprechen Sie in seiner Gegenwart Ihren Fehltritt vor Gott aus! Billiger geht's nicht! Bei Sexualsünden, Haß und Mord sowie okkulten Vergehen ist das Bekenntnis vor einem Seelsorger geradezu notwendig, weil hierbei schwere Bindungen an die unsichtbare Welt des Bösen in Gottes Kraft gelöst werden müssen.

Wenn Sie dazu keinen Mut haben, gut! Aber sagen Sie dann nicht mehr: »Ich bin ein Christ! Ich meine es mit der Wahrheit ernst!« Nein, sind Sie bitte so ehrlich und geben Sie zu, daß Sie zu feige waren, auf das, was die Bibel sagt, einzugehen; denn sie spricht ganz deutlich vom Sündenbekenntnis. Sagen Sie bitte auch nicht: »Der liebe Gott wird es schon nicht so ernst nehmen und fünfe grad sein lassen.« Nein, das tut er eben nicht. Er nimmt es mit der Sünde sehr genau, er will sie auch vergeben, aber er erwartet, daß Sie sie ihm bekennen! Vergessen Sie nicht: Freiwillige Beichte ist ebenso notwendig wie der Service am Auto! Wäre es nicht fahrlässig, wenn ein Autofahrer ihn nicht regelmäßig machen ließe? Genau dasselbe gilt auch auf dem Gebiet der Intakthaltung unserer seelischen Sauberkeit und Widerstandskraft.[69a]

Der dritte Punkt ist der wichtigste: Sollten Sie einmal in der Verkehrssünderkartei in Flensburg gestanden und dann später den Bescheid erhalten haben, daß die Eintragung, vielleicht aus Verjährung, gestrichen ist, welche Erleichterung für Sie! Sie fühlen sich vielleicht beinahe wie neu geboren! Tatsächlich neu geboren sind Sie aber, wenn Sie wissen, daß Ihre Minuspunkte vor Gott gelöscht sind. Kann man das wissen?

Ja, das kann man! Gehen Sie mit Ihrer Schuld zu dem, der sein Leben dafür gelassen hat! Er wird sich freuen über Sie, wenn Sie zu ihm kommen und Ihnen vergeben. Nein, er wird Sie nicht abkanzeln, wie das unter uns Menschen so üblich ist. Er wird Sie vielmehr an Sohnes Statt annehmen. Das können Sie nicht fassen? Ich auch nicht! Aber diese Botschaft hat einmal die antike Welt aus den Angeln gehoben, und sie tut es auch heute. Allein das Evangelium von dem, der Leib und Leben für Sie gegeben hat, kann Ihre Vergangenheit auslöschen. Gleichviel, was immer geschehen sein mag. Vergebung ist keine fromme Formel, sondern eine Realität. Sie bedeutet, daß Gott das Kapitel Ihrer Schuld löscht, wie man ein Tonband löscht und in einem Schöpfungsakt Ihr Leben neu schafft.

In einem Kreis junger Menschen erzählte ich von dem Wirken Christi in unsrer Zeit. Ich ermutigte sie, soweit noch nicht erfolgt, die Vergebung für sich persönlich in Anspruch zu nehmen. »Bitten Sie nicht mehr darum, sondern nehmen Sie sie dankend an! Jesus hat doch auch für Sie sein Blut vergossen!«

Am nächsten Tag traf ich einige von ihnen wieder. Ich fragte ein Mädchen: »Na, ist der Groschen gefallen?«

Sie verstand ohne weiteres und erwiderte: »Ja!«

Um ganz sicher zu gehen, ob sie auch richtig verstanden habe, fragte ich noch einmal: »Weißt du nun, daß dir vergeben ist?«

Ihre Antwort war wieder: »Ja!«

Das ist's, worauf es ankommt! Annehmen muß man die große Tat Gottes, wie ein Kind ein Geschenk annimmt. Tun Sie das, werden Sie ganz von selbst erleben, daß Gewißheit der Vergebung keine Illusion ist, sondern eine Wirklichkeit. Gott hat Frieden mit uns gemacht und unsre Schuld gestrichen. Sollte man das nicht wissen?

Erlauben Sie bitte eine Testfrage: Sind Sie auch ganz sicher, daß Sie verheiratet sind oder den Führerschein gemacht haben? Natürlich sind Sie das und wissen darüber sehr genau Bescheid! Genau dieselbe Gewißheit gibt es nun auch, ob Gott uns verziehen hat. Dieselbe!

Wenn Sie Ihre Schuld an Jesus wirklich abgeben, dann werden Sie auch das Echo in Ihrem Herzen in einer namenlosen Freude verspüren. Die Engel singen eine Arie, weil wieder einer heimgekehrt ist. Etwas von dem Widerschein dieser Freude, die im Himmel herrscht, können auch Sie erfahren.

Ein angehender Lehrer berichtet dazu wie folgt:

»Zwischen meinen Geschwistern und mir war immer Streit! Dieser Zustand machte mich zwar traurig, ja er ekelte mich direkt an, aber es lag nicht in meiner Macht, die Dinge zu ändern. Einesteils wollte ich alles tun, daß unser Familienleben harmonisch verliefe, andererseits fiel ich immer wieder in meine streitsüchtige Art zurück. Jeder gewaltsame Ausbruch aus diesem Teufelskreis mißlang.

Ostern 1967 wurde ich zu einer missionarischen Freizeit eingeladen. Ich ging hin und fand Leute vor, die mich anzogen, weil sie augenscheinlich etwas gefunden hatten, was ihnen in der Misere ihres Lebens geholfen hatte und was mir eben noch fehlte. Zum erstenmal hörte ich hier auch, daß man sich für Jesus entscheiden müsse, wenn man von seinen ichhaften Bindungen freiwerden wolle. Bald erkannte ich auch, daß nicht meine ungute Veranlagung, sondern meine unvergebene Schuld mich von Gott trennte. Wie sollte ich sie aber loswerden? Wie diesen inneren Druck, der tatsächlich wegen meinem Charakterschaden auf mir lastete, abschütteln?

Da hörte ich, wie einer der Verantwortlichen bei einem Meeting auf den Rat des Johannes hinwies: »Wenn wir unsere Sünden bekennen, so ist er treu und gerecht, daß er uns vergibt und reinigt uns von aller Untugend.« Ich war entschlossen, ihn zu befolgen und zu einem der Mitarbeiter zu gehen und mich auszusprechen.

In meinem Innern rangen jedoch zwei Mächte miteinander. Die eine sagte: »Blamier dich nicht! Was gehen diese Leute dich an!?« Die andere mahnte: »Wenn du wirklich mit Gott in Ordnung kommen willst, dann tu's, und zwar bald!« Da ich mit diesem inneren Kampf Schluß machen wollte, ging ich also zu einem der Mitarbeiter und teilte mit, daß ich Jesus mein Leben übergeben wolle.

Nach dem Gespräch kam eine große Befreiung über mich. Jetzt erlebte ich selber, was mir an den andern so Eindruck gemacht hatte. Mein Leben änderte sich und wohl auch mein Aussehen. Stück für Stück verschwand meine jähzornige und ungeduldige Reaktion. Ich spürte deutlich, daß jemand in mein Leben getreten war, der allein in der Lage war, es von Grund auf umzugestalten, Jesus Christus!«

Später arbeitete Hans als Student in der Drogenszene und bei anderen missionarischen Unternehmungen, um jungen Leuten das weiterzugeben, was ihm selber geholfen hatte.

Lebensbewältigung – aber wie?

In der Wohnstube soll die Schlacht geliefert werden, damit das Gefecht des Glaubens nicht zu einer Wachtparade einmal in der Woche werde.

Kierkegaard

Der Glaube kann das ganze Leben umwandeln und festigen. Aber er darf nicht nur Theorie bleiben, nicht nur ein Bekenntnis. Er muß praktisch angewandt werden. *Keith Bill*[70]

Wir hatten eine Diskussion unter Freunden. Im Anschluß daran kam ich mit einem jungen, gutsituierten Ingenieur ins Gespräch. Er war »links« eingestellt, aber kein Fanatiker, sondern tolerant, dem christlichen Glauben gegenüber jedoch stark skeptisch.

»Was ist der Unterschied zwischen traditionellem und persönlichem Christsein!?« begann er.

»Jesus hat von toter Tradition nicht viel gehalten, sondern seine Sympathisanten zu bedingungslosem Engagement aufgerufen.«

»Was soll das heißen?«

»Im Neuen Testament steht natürlich nicht Engagement, sondern Nachfolge. Damit ist die Übersetzung der Weisungen Jesu in unsern Alltag gemeint.«

»Kann man das? Kann man Jesu Worte heute noch realisieren?«

»Ja, das kann man! Freilich vermag's nur der, der einen persönlichen Kontakt zu ihm herstellt . . .«

»Kann man eine Verbindung mit Jesus herstellen, wenn er doch nicht mehr lebt?«

»Jesus ist eben mehr als nur ein Mensch, er ist der fehlerlose Gottmensch. So sagt es jedenfalls das Neue Testament. Rational können Sie das natürlich nicht fassen. Sollte Ihnen aber eines Tages das Auge dafür aufgehen, so werden Sie es ja von selbst erfahren, daß er mit Ihnen eine persönliche Verbindung aufnimmt . . .«

Hier stockte das Gespräch. Ich verstand das Schweigen meines Gegenübers. Sollte ein junger Mensch, der weder von materiellen noch von sonstigen Problemen bedrängt ist, sich in ein persönliches Abenteuer mit Jesus einlassen, ohne von ihm restlos überzeugt zu sein? – Unmöglich! Der Mann von Nazareth war für den Ingenieur zunächst einmal nicht mehr als eine historische Persönlichkeit wie andere auch, dazu noch belastet mit all den kritischen Fragen an die neutestamentlichen Quellen, wie sie von skeptischen Zeitgenossen heute gestellt werden. Immerhin war ein kritisches Interesse für den großen Unbekannten geblieben. Sein Verhalten schien mir typisch für viele, meist jüngere Leute: reserviert, aber nicht ablehnend!

Ob der junge Mann nicht weiterdachte und nicht erwog, daß im Falle einer Erkrankung – er hat nur eine Niere – sich alle möglichen Komplikationen einstellen könnten, die nicht mit ein wenig Optimismus und gesundem Menschenverstand zu meistern sein dürften!? Aber im Sonnenschein guter Verhältnisse segelt man eben bei ruhiger See sorglos dahin, ohne zu ahnen, daß jeden Augenblick ein Sturm aufziehen und losbrechen könnte, für den man in keiner Weise gewappnet wäre. So ist es nun einmal! Der Mensch beharrt hartnäckig auf seinem eingeschlagenen Kurs, bis er in schweren Lebenskrisen, erschüttert und in

Frage gestellt, begreift, daß er mit seinen eigenen Kräften nicht mit dem Leben fertig werden wird.

Das gilt indes nicht nur für Drogensüchtige und Alkoholiker, sondern ebenso für den »Normalverbraucher«. Wenn man beispielsweise immer wieder einmal mit Frau und Kindern oder Nachbarn und Berufskollegen zusammenstößt oder unterschwelligen Emotionen Raum gibt, die die mühsam bewahrte Selbstkontrolle über den Haufen rennen und allerlei Unheil anrichten, so ist das nach Jesu Auslegung eine Übertretung des fünften Gebotes: »Du sollst nicht töten.«[71] Oder um ein Beispiel zum Kapitel »Rufmord« zu bringen: H. Böll schildert in seiner neuen Erzählung »Die verlorene Ehre der Katharina Blum«, wie diese bisher unbescholtene Frau unter der Hetzkampagne der Zeitung sowie anonymer Briefe und Anrufe ihren inneren Halt verliert und in einer emotionalen Kurzschlußhandlung einen Zeitungsreporter erschießt. Kennen wir die Versuchung zu negativen, ja Ruf schädigenden Äußerungen nicht zu gut und sind ihr wahrscheinlich nicht selten erlegen? Oder haben uns einen Fehltritt in der Ehe zuschulden kommen lassen und unserm Ehepartner dadurch viel Leid zugefügt? Oder was sonst für störende Unregelmäßigkeiten unser Leben beeinträchtigen? All diese Aktionen bzw. Reaktionen stellen doch eine Kapitulation vor unsern Affekten und Leidenschaften dar! Sie sind also das Gegenteil von Lebensbewältigung.

S. Freud, C. G. Jung und andere bringen zwar psychologische Erklärungen für menschliches Fehlverhalten, aber den eigentlichen Grund dieses existenziellen Dilemmas können sie nicht aufzeigen. Das tut jedoch der Mann von Nazareth, wenn er als Ursprung unsrer mitmenschlichen Konflikte folgende provozierenden Motive unseres Handelns nennt: »Mord, Ehebruch, Unzucht, Diebstahl, Meineid, Lästerung . . .«

Werfen Sie doch nur einen Blick in die Zeitungen, wie sie von Mord, Raubüberfällen, Einbruch, sexuellen Vergehen u. a. berichten. Gilt das etwa nur von kriminellen Typen? Oder leben diese Kräfte nicht in jedem? Immerhin hat Freud mit der Entdeckung des Unterbewußten und der Triebgewalt gerade des Sexuellen, indirekt den psychologischen Beweis dafür angetreten, daß wir eben die Nachkommen jenes »unprogrammierten Menschen« sind (Dr. Schaeffer) mit seiner Rebellion gegen Gott. Darauf gehen letzten Endes alle unsere Miseren zurück. Wie nun aber diese bewältigen?

Eine junge Fremdsprachenkorrespondentin hatte eine attraktive Schwester. Diese war ihr negativer Bezugspunkt, da sie sich, besonders bei gesellschaftlichen Veranstaltungen, von ihr ausgestochen fühlte. Das wurmte sie unendlich, und böse Gedanken stiegen in ihr auf. Darüber erwachte ihr Gewissen. In einem Gottesdienst hatte sie das Jesuswort gehört: »Wer mit seinem Bruder zürnt, der ist des Gerichts schuldig . . ., wer aber sagt: Du gottloser Narr! der ist des höllischen Feuers schuldig.« Sie erkannte: Müßte ich heute Nacht sterben, so könnte ich vor Gott nicht bestehen!

Dazu kam noch ihr Verhältnis mit einem jungen Mann, der seine antichristliche Anschauung mit einem gewissen Fanatismus vertrat. Sie wußte nicht, wie das werden sollte, wenn sie einmal verheiratet wäre.

In dieser Zeit lernte sie einen Seelsorger kennen, der ihr die Botschaft von Jesus in einer sie überzeugenden Weise nahebrachte. Ihm vertraute sie sich an. Auf seinen Rat löste sie ihr unglückliches Verhältnis. Sie suchte Vergebung und fand sie auch bei Jesus.

So wurde ihr Leben total neu.

Unser badischer Erweckungsprediger Henhöfer pflegte den Anfang eines Lebens mit Christus, den Neubeginn aus der Kraft des Geistes so zu veranschaulichen, indem er seine Zuhörer fragte: »Kann auch ein Holzbirnbaum Tafelbirnen bringen?! Nein! Wenn man ihn aber okuliert, bringt er die besten Früchte . . .« Mit andern Worten heißt das: Christus muß in unsre ungute Natur eingepflanzt werden, damit wir »Früchte des Geistes« bringen, d. h. eine erneuerte Existenz führen können.

Das gilt auch Ihnen!

Kein Tiefenpsychologe kann so in die Abgründe unsrer Persönlichkeit hineinleuchten wie er. Aber Jesus ist nicht nur ein Analytiker wie jene, sondern zugleich ein Seelsorger vor allen anderen. Er wird Ihnen den Bremsklotz aufzeigen, der Ihr Leben blockiert, und es völlig umkrempeln. Er allein hat eine Antwort auf Ihr individuelles Versagen.

Wenn Sie seine erneuernde Kraft noch nicht kennen und infolgedessen die Probleme Ihres Lebens nicht recht bewältigen können, so versuchen Sie doch, jetzt in diesem Augenblick mit ihm in Verbindung zu treten. Sollte folgendes Gebet Ihrem Wunsch entsprechen, so können Sie es sich zueigen machen: »Herr, ich spüre meine Ohnmacht und werde mit meinem Leben nicht recht fertig. Ich weiß um mein schuldhaftes Versagen, aber ich nehme nun dein stellvertretendes Sterben für mich in Anspruch. Hab Dank, daß du auch mir vergibst und mich vollkommen umgestalten willst!« Stehen Sie mit Ihrer ganzen Bereitschaft hinter diesem Gebet, so wird Jesus auch Ihr Leben verändern, Ihnen Gewißheit der Vergebung schenken und in engsten Kontakt mit Ihnen treten. Das Abenteuer Ihres Lebens mit Gott kann nun beginnen!

Indessen ist das Leben mit Christus nicht ohne Krisen. Wir dürfen uns das Christsein nicht so utopisch vorstellen, als ob damit nun alle Probleme mit einem Schlag gelöst wären. Das hieße das Neue Testament mißverstehen. Der Unterschied zu einem materialistischen oder sonstigen Lebensstil besteht lediglich darin, daß Sie von dem Augenblick an, da Sie bewußt Jesus in Ihr Leben aufgenommen haben, eine neue Existenz geworden sind. Das Neue Testament spricht hierbei von Wieder- oder Neugeburt oder auch dem neuen Leben aus Christus.[71a] Die Gegenwart Christi in Ihrem Person- und Willenszentrum ist der entscheidende Punkt! Kraft dieser Erneuerung Ihrer selbst können Sie nun nicht nur jederzeit mit Gott als Ihrem höchsten Chef in Verbindung treten. Er ist also aus einer abstrakten oder orthodoxen Größe zur lebendigen Wirklichkeit für Sie geworden. Aber nicht nur das: Sie können durch Ihren nunmehrigen Christuskontakt auch mit Ihrer naturhaften unguten Art zu leben und zu reagieren fertig werden.

Beim Beginn dieser neuen Seinsweise ist der Umgang mit Christus naturgemäß oft noch sporadisch und hält nicht den ganzen Tag durch, weil er meist durch das Gewicht der Alltagsprobleme überlagert wird. Jesus ist verständlicherweise noch nicht der vitale Faktor im Leben geworden, daher die vielen Pannen.

Ein junger Mann, Sohn einer russischen Emigrantin, ist durch viele Nöte während seiner jungen Jahre gegangen.

Aber schließlich hat er zu einer persönlichen Verbindung mit Gott gefunden. Darüber ist ihm in der Auseinandersetzung mit dem Marxismus deutlich geworden, daß der Mensch kein Zufallsprodukt eines biologischen Prozesses ist, sondern ein Werk des Schöpfers. Aber durch seine Neigung, überall Probleme zu wittern und sie rational zu lösen, sowie durch eine gewisse Sensibilität und auch Labilität steht er immer wieder in Gefahr, den Kontakt mit Jesus im Alltag zu verlieren. Wiewohl erfüllt von missionarischer Aktivität und sozialer Hilfsbereitschaft, reißt jener doch immer wieder vorübergehend ab. Dann regiert natürlich mehr oder weniger seine alte Lebensart. Aber schließlich kommt das neue Leben doch immer wieder zum Zug.

Völlig klar, daß das noch nicht die volle neutestamentliche Existenz eines Christen darstellt. Aber wie aus dieser Zerreißprobe herausfinden? Was tun, um mit seinem »dicken Ich« fertig zu werden? Mit eigener Kraft schaffen Sie es nicht. Es gibt nur eine Möglichkeit, um unsere egoistische Art unter Kontrolle zu bringen: Die Koexistenz mit dem Gekreuzigten und Auferstandenen. Freilich dürfen Sie diese Koexistenz nicht als Nebeneinander zweier gleichwertiger Größen ansehen, sondern als Übergabe Ihrer gefallenen Persönlichkeit an Christus und seine Herrschaft über uns. Die neutestamentlichen Stellen drücken diesen Sachverhalt so aus, daß wir »mit Christus gekreuzigt und auferstanden«[72] sind. Das bedeutet, daß Ihre naturhafte Art zu leben ausgeschaltet wird, wenn Sie ihr fortan kein Einspruchs- und Lebensrecht mehr einräumen, sondern mit Christus eine neue volle Lebensgemeinschaft eingehen. Dadurch kommt Christus erst recht zur Aktion in Ihrem Leben.

Das alles will freilich in vielen, schmerzlichen Erfahrungen, in denen sich unsere alte Art zu leben, biblisch gesprochen »der alte Mensch«, oft wieder regt und zuweilen auch durchsetzt, gelernt sein. Paulus redet in diesem Zusammenhang von einem harten Training, die neue Lebenshaltung gegen seine natürlichen Impulse und Reaktionen[72a] durchzusetzen. Das Neue Testament spricht hier von Erneuerung und Heiligung. Viele Christen kommen indessen aus diesem Kampf mit ihrer ichhaften Seinsweise nie recht heraus. Ihr Christsein gleicht darum einem Wackelkontakt.

Je mehr Sie es lernen, mit der Gegenwart Jesu in Ihrem Leben zu rechnen, entdecken Sie eine völlig neue Dimension. Die Auseinandersetzung mit den unguten Seiten Ihrer Veranlagung weicht der Realität Christi, der sich als mächtiger erweist als Ihre naturhafte Art und Ihre Alltagsprobleme. Er gibt Ihnen die Kraft, die negativen Tendenzen Ihres Ichs zu erkennen und sie zu überwinden. »Christus in uns!« das ist der Knüller, modern gesprochen.

Alles hängt tatsächlich an Ihrer glaubensmäßigen Einstellung! Und wenn Ihnen ein Fehltritt unterläuft? Dann zu dem Sieger über unsre offene oder geheime Rebellion und das Böse überhaupt zurückkehren und seine Vergebung in Anspruch nehmen und damit den Kontakt mit ihm wiederherstellen. Corrie ten Boom spricht darum vom »Blickwechsel«, der täglich, ja augenblicklich vollzogen werden muß. Es ist wie beim Skilauf. Im Anfang muß man immer wieder üben: »Hinlegen«, »Aufstehen«!, weil es ja darauf ankommt. Im Christenleben geht es um ein ganz ähnliches Training. Nur wird der gereifte Christ, wenn er einmal aus der Rolle gefallen und die alte Seinsweise wieder zum Zuge gekommen ist, schnell die Verbindung mit dem Auferstandenen herstellen. Je rascher das erfolgt, um so mehr gewinnt die Gemeinschaft mit Jesus die Herrschaft über ihn.

Diese neue Lebensqualität ist also alles andere als eine Art christlicher Dialektik oder gar eine fromme Version des kategorischen Imperativs, etwa in dem Sinn: »Werde, was du sein sollst!« Nein, so nicht! Das wäre ja verkappter Idealismus. Die Ethik des Paulus, die es ihm ermöglichte, ein sieghaftes Leben zu führen, lautete so: »Das Lebensgesetz in Christus Jesus hat mich frei gemacht vom Gesetz der Sünde und des Todes.«[73]

Dieses Leben besteht also ganz einfach in einem Doppelschritt: im »Ausziehen« oder »Ablegen« unsrer schlechten Eigenschaften und im »Anziehen« der Kräfte oder Tugenden Christi. Sind Sie darin treu, so werden Sie im Laufe der Zeit erfahren, wie Jesus durch die Kraft seines Geistes die unguten Seiten Ihres Charakters, die Ihr innerstes Wesen deformieren, abbaut. Das neue Leben ist also keinesfalls Theorie, sondern eine Realität, auf die Sie sich verlassen können. Je mehr Sie sich Tag für Tag dem überlassen, von dem Paulus sagt: »Ich vermag alles durch den, der mich mächtig macht, Christus!« wird er auch Sie zum Sieg über Ihre ungute Erbmasse befähigen und Sie mit seiner Dynamik erfüllen.

Sie werden also geduldiger werden und anderen, die Sie kritisieren oder gar anfeinden, vergeben, ja sogar sie lieben können. Die Liebe Gottes, die Jesus veranlaßte, selbst für seine Feinde zu beten, wird auch Ihnen zuteil werden, so daß Sie Kritik, Haß, Brutalität, aber auch sexuelle Anfechtungen und all den Kleinkram des Alltags mit ihm bestehen können. Je mehr Sie sich diesem Leben aus Gott öffnen, werden Sie zu einem Kanal der Liebe Gottes für Ihre Mitmenschen, die auch Sie verändern kann und will.

Diese neue Lebensweise mit dem Sieger über alle Kräfte des Bösen ist natürlich eine gewaltige Herausforderung, der leider die allerwenigsten Christen im neutestamentlichen Sinne nachkommen. Darum ist auch ihr Leben so unerlöst und in keiner Weise attraktiv. Aber die Revolutionierung unser selbst durch die ständige Gegenwart Christi, wie sie das Neue Testament Seite für Seite durchzieht, ist das einzige, was auch Ihrem Dasein eine letzte Erfüllung bringen wird.

Auf einer Tagung erzählte eine elsässische Schwester, die unter seelisch Kranken arbeitete, sie könne diesen schweren Dienst nur deshalb tun, weil sie sich jeden Morgen mit den Auferstehungskräften Jesu Christi ausrüsten lasse. Haben Sie Mut zu einer ähnlichen Alltagsbewältigung aus der Verbindung mit Jesus! Sie müssen nicht mehr auf Ihre negativen Anlagen starren, auf Ihre aggressive Art, Ihre Empfindlichkeit, Ihr nachtragendes Wesen, Ihren Leistungsstolz, Ihre Rücksichtslosigkeit oder Ihre sexuelle Anfälligkeit. Wenn Sie das tun, so leben Sie anachronistisch. Diesem Trend müssen Sie nicht nachgeben. Sie sind durch Jesus frei gemacht von dem Hang dazu. Sie sind wirklich frei in Jesu Namen! Fassen Sie es! Mit Jesus gibt es tatsächlich ein neues Leben!

Die Frau eines Künstlers berichtet, wie sie mit einer geschiedenen Ehe fertig wurde:

»Ich wurde von einer gläubigen Mutter erzogen, besuchte als Kind die Sonntagsschule und sagte 1958 auf der EC-Weltbund-Tagung in Frankfurt bewußt ja zu Jesus. Damals war ich 18 Jahre alt und heimlich mit meinem späteren Mann verlobt. Wir hatten einander auf der Kunstschule in Kiel kennengelernt. Mein zukünftiger Mann fand noch in unsrer Verlobungszeit, als wir nach seinem

Staatsexamen 1000 km getrennt voneinander wohnten, zum Christusglauben.

In den ersten Ehejahren folgten wir fröhlich Jesus nach trotz wirtschaftlicher Nöte und Krankheiten unsrer beiden kleinen Kinder. Doch je besser es uns ging und die Sorgen ums Materielle abnahmen, um so mehr entfernten wir uns von Christus. Unser Glaubensleben lief Gefahr, immer mehr zur frommen Phrase zu werden. Wir liebten alles Schöne, malten zusammen und begeisterten uns an allem, was große Künstler geschaffen hatten.

Als wir in eine andere Gegend ziehen mußten, weil mein Mann den Arbeitgeber gewechselt hatte, fanden wir keinen rechten Anschluß an eine christliche Gemeinde. Mein Mann hatte wenig Lust, viele Kilometer zu fahren, nur um an einem Gottesdienst teilzunehmen. So hatten wir immer weniger Kontakt mit Christen. Dafür reisten wir viel und bewunderten die herrliche Schöpfung.

Nach einem zweiten Umzug in eine moderne Satellitenstadt von Frankfurt wurde es dann ganz kritisch. Mein Mann wollte nicht einmal mehr an Weihnachten in einen Gottesdienst gehen. Ich hatte immer noch geglaubt, es sei nur eine vorübergehende Flaute bei ihm, aber jetzt wurde mir ernsthaft Angst um unser Glaubensleben. Unsere Ehe wurde immer schwieriger. Mein Mann begehrte immer mehr Freiheit. Er wollte kaum mehr mit mir und den Kindern etwas Gemeinsames unternehmen. Nun begann ich ernstlich und anhaltend zu beten, daß Jesus wieder der Mittelpunkt in meinem Leben würde, auch betete ich um Anschluß an eine Gemeinde. Und Gott erhörte! Ich fand einen Hausbibelkreis und einen neuen intensiven Kontakt mit Christus.

Aber mit unsrer Ehe wurde es immer schlechter. Vor einer

Aussprache scheute mein Mann zurück. Dann kam Weihnachten 1973. Er hatte darauf bestanden, allein Urlaub zu machen. Das Ziel wollte er nicht nennen.

Am 10. Januar trafen wir uns wieder. Ich merkte sofort, daß etwas nicht stimmte. Wir fanden auch zu einem klärenden Gespräch. So erfuhr ich nun, daß mein Mann mich seit Jahren hin und wieder betrogen und auch diesen Urlaub bei einer andern Frau verbracht hatte. Er bekannte mir auch, daß er seinen Glauben längst über Bord geworfen hätte. Seine Moralbegriffe hätten sich ebenfalls geändert, und so hätte auch die Ehe ihren Sinn für ihn verloren. Er wolle nun das Leben noch genießen und hatte Angst, etwas zu versäumen.

Über mir brach alles zusammen. Nichts mehr blieb mir – außer Jesus. Er fing mich auf und hielt mich fest! Ich bin ein so empfindsamer und vielleicht auch schwacher Mensch, ohne Glauben hätte ich sicher nicht mehr weiterleben können. Dreizehn Jahre waren wir verheiratet. Ich bin jetzt vierunddreißig. Mein Studium hatte ich damals unsrer Heirat wegen unterbrochen. Meine Kinder liebten ihren Vater sehr. Was sollte nun werden? Mein Mann verdiente nicht so viel, um zwei Haushalte unterhalten zu können. Ich selbst bin nicht gesund genug, um voll berufstätig zu sein. Sorge und Traurigkeit wollten mich niederdrücken, aber jetzt erlebte ich, welche Macht die Fürbitte ist. Sie trug mich die ersten schweren Wochen hindurch, bis mein Mann ausgezogen war. Ich gewöhnte mir nun an, in einem Dauergespräch mit Jesus zu stehen und ihm alles, was mich bedrücken wollte, zu sagen, ja ihn darüber zu loben. Er schenkte es mir dann auch, daß ich bis zum Schluß meinem Mann in Liebe und Freundlichkeit begegnen konnte. Ja, ich bat ihn um Verzeihung für die Dinge, die ich in der Ehe verkehrt gemacht hatte. Auch vermochte ich ihm zu vergeben, und Jesus bewirkte das Wunder, daß ich für ihn und die andre Frau beten kann und ohne Haß und Bitterkeit bin.

Nach sechs Wochen Traurigkeit hatte ich gelernt, meinen Stolz, meinen Sorgengeist und mein großes Selbstmitleid Gott zu übergeben. So wurde ich frei davon. Nun ist die Möglichkeit da für Gottes alleiniges Handeln. Ihm vertraue ich völlig und erlebe sein ständiges wunderbares Walten und Bewahren.

Auferstehungsglaube auch im 20. Jahrhundert!?

Die neuen Erkenntnisse der Physik verneinen das alte Naturbild, das seinerseits Gott verneinte.
Hans Rohrbach

Wir müssen mit Christus gleichzeitig werden. Die achtzehnhundert Jahre, die dazwischen liegen, müssen weg.
Kierkegaard

Das historische bzw. bibelkritische Denken weiß mit der Auferstehung Jesu nichts anzufangen. Sie paßt nicht in den Geschehenszusammenhang, da sie die innerweltliche Sicht der Dinge sprengt. Historiker wie Mommsen, der erklärt: »Die Auferstehung Jesu Christi von den Toten ist die bestbezeugte Tatsache der Weltgeschichte«, sind Ausnahmen. Für die historische Forschung ist die Auferstehung Jesu ein nicht vorgesehener Fall!

Das hängt nun mit der Tatsache der Bibelkritik zusammen, dem Versuch, die Bibel nur als literarisches Produkt, das den kritischen Maßstäben menschlicher Beurteilung unterworfen sei, anzusehen. Darum geht es letzten Endes in dem schon über 200 Jahre dauernden Streit über die Auslegung der Heiligen Schrift. In unsern Tagen hat noch einmal Bultmann und seine Schule mit seinem Entmythologisierungsprogramm den Versuch unternommen, alles Supranaturale, d. h. alles Übernatürliche, das der Vernunft verständlicherweise nicht eingehen will, als Mythos und Legende zu erklären und die Bibel einer existenzialen, d. h. einer vom menschlichen Selbstverständnis ausgehenden Interpretation zu unterwerfen. Was die historisch-kritische Methode angeht, so sei hier nur auf einen Satz von Dr. Gerhard Maier verwiesen, der über diese schwierigen Gedankengänge hervorragend unterrichtet. Das folgende Zitat erhellt schlagartig die Situation und trifft den Kern der ganzen Problematik: »Entgegen Luthers servum arbitrium, seiner Schrift über den unfreien Willen des Menschen, meint sie (die historisch-kritische Methode) die Vernunft aus dem Sündenfall herausnehmen und sich ihrer kritisch, d. h. offenbarungs-unterscheidend und also offenbarungs-entscheidend bedienen zu können. Tatsächlich hat sie damit die Vernunft dem Offenbarungsanspruch schon entzogen!«[73a]

Wenn sich die Vernunft, die ja schon nach I. Kant nur für innerweltliche Vorgänge zuständig ist, zum Meister der Schrift machen und Kriterien zu deren Interpretation aufstellen will, so ist das eine vollendete Anmaßung, weil zum Verständnis der Offenbarung Gottes in der Bibel mehr gehört als nur eine brillante Intelligenz und theologisches Fachwissen. Ob das aber verstiegenen Intellektualisten einleuchten wird?

Modernistische Theologen reden zwar von einer Auferstehung Jesu »ins Wort«. Natürlich ist er auch im Wort zugegen, aber aufgrund seiner leibhaftigen Auferstehung. Sonst wäre ja die Auferstehung in die neutestamentliche Botschaft nichts anderes als etwa auch bei Goethe oder Shakespeare, deren Geist in ihrem Werk weiterlebt. Wo bliebe da der Unterschied?

Es geht hier nicht um das Wie der Auferstehung Christi, sondern lediglich um das »Daß«. Zu erklären ist dieser Vorgang natürlich nicht. Er ist vielmehr ein totales Ärgernis für das autonome Denken, das mit einem Eingreifen Gottes in die Geschichte nicht rechnen kann noch will.

Wäre die Auferstehung Christi eine Art Legende, einer nachträglichen Gemeindetheologie des Urchristentums entsprungen, glauben Sie denn, man würde heute noch ernstlich davon sprechen? Sollte ein entmythologisierter Christus, der auf das Niveau eines vorbildlichen Menschen herabgeschraubt wurde, Leute wie Sie und mich in ihrem Verhalten revolutionieren und mit geistlicher Dynamik erfüllen können!?

Niemals!

Tatsache ist auch, daß die wissenschaftliche Forschung zeitweilig unter weltanschaulichen Vorzeichen gestanden hat; die Kirche hat sie mitunter durch eine dogmatische Engherzigkeit behindert. Ende des vorigen Jahrhunderts haben andererseits Vertreter der Naturwissenschaft wie Haeckel sinngemäß erklärt: Die Naturgesetze erlauben keine Wunder! Diese Betrachtungsweise finden Sie auch noch bei Bultmann, wenn er meint, der Gebrauch von elektrischem Licht und modernen medizinischen und klinischen Mitteln ließe sich nicht mit den im Neuen Testament berichteten Wundern vereinbaren. Man muß sich dabei fragen: Ist Gott denn so klein und begrenzt wie gewisse Leute ihn hinstellen möchten? Sollte er nicht im Rahmen der Naturgesetze und in besonderen Fällen auch über sie hinaus wirken können?

Heute spricht man in der Wissenschaft von Naturwahrscheinlichkeit statt von Naturgesetzlichkeit. Namhafte Forscher wie etwa Jauncy schreiben: »Der Grund, warum ein Wunder unvereinbar mit bekannten Naturgesetzen ist, liegt darin, daß das Wunder Faktoren unterliegt, deren Existenz uns unbekannt sind.«[74]

Ein anderer Gelehrter drückt den Fortschritt der wissenschaftlichen Erkenntnis so aus: »Die Naturgesetze altern.

Die ›ehern‹ genannten Gesetze sind mit der Zeit geworden. Ein ungeheuerlicher Gedanke für herkömmliches Denken. Wir können es dem Kosmos nicht verbieten, weiterzuschreiten und uns neue Gesetze aufzudrängen, damit wir sein Werden und Wesen beschreiben können . . .«[74a] Der bekannte Mainzer Mathematiker, Professor Rohrbach, sagt dazu: »Will man nach heutiger wissenschaftlicher Terminologie ein Wunderereignis einordnen, so kann man es als ein statistisch seltenes Ereignis bezeichnen. Aussagen über physikalische Vorgänge können wir im Grunde nur in Form von Wahrscheinlichkeitsaussagen machen, d. h. wir können nur über Ereignisse etwas aussagen, die sich genügend oft wiederholt haben. Wir können nicht ausschließen, daß auch ganz seltene Ereignisse eintreten, und bei diesen seltenen Ereignissen können wir, eben weil sie selten sind, keine Gesetzlichkeit feststellen . . . Es gibt heute gar keine Argumente seitens der Wissenschaft mehr gegen die Möglichkeit eines Wunders.«[75]

Es ist überaus einleuchtend, was Professor Rohrbach grundsätzlich über den Wandel des Weltbildes sagt: »Die Ergebnisse der modernen Physik verneinen das Weltbild der Neuzeit, das seinerseits Gott verneint hat. Ich brauche nicht zu zeigen, wie das neuzeitliche Denken und das neuzeitliche Weltbild tatsächlich für Gott als den Lebendigen, persönlichen, wirkenden keinen Platz mehr hatte. Es verneinte ihn auf der ganzen Linie. Und heute können wir als wissenschaftliche Feststellung sagen: Die Ergebnisse der modernen Physik verneinen dieses Weltbild der Neuzeit. Mit diesem Satz von der doppelten Verneinung haben wir die heutige Situation höchst plastisch gekennzeichnet, ohne damit mehr zu sagen, als auch ein vorurteilsfreier Atheist zugeben muß, der die heutige Naturwissenschaft kennt und versteht.«[76] Also die Wissenschaft stützt in keiner Weise den neuzeitlichen Unglauben, als ob Gott eine überholte Angelegenheit früherer Generationen sei, wie sie natürlich auch den christlichen Glauben nicht nahelegen kann. Aber wenn wissenschaftliche Experten vom Range Professor Rohrbachs sich zum Gottesglauben bekennen und das mit gutem Gewissen, dann ist das doch für einen unvoreingenommen denkenden Menschen eine indirekte Provokation, eine solche Entscheidung auch zu vollziehen. Prüfen Sie darum seine Argumente, auf die hier im einzelnen nicht eingegangen werden kann, und lassen Sie sich nicht länger von den propagandistischen Thesen atheistischer überholter Denkweisen beeindrucken!

Der Glaube an den Auferstandenen ist in der Tat eine aufregende Angelegenheit, weil er alles in Ihrem Leben in Frage stellt: Ihr philosophisches Konzept, Ihre Selbstsicherheit, Ihre Pläne, ja Sie selbst! Schließlich ist Christus ja keine harmlose Katechismusfigur, über die man zur Tagesordnung übergehen könnte. Seit er den Tod überwunden hat, sind Zeit, Raum, Materie und Kausalität für ihn keine unüberwindlichen Barrieren mehr. Er ist darum mit jeder Zeit konform und auch mit Ihnen gleichzeitig, wie Sie Ihrerseits das auch mit ihm sein können durch eine echte Glaubensentscheidung. Zeit und Ewigkeit laufen nach biblischer Sicht nicht hinter- oder nebeneinander, sondern die Zeit ist eingebettet in die Ewigkeit. Damit ist auch der alte Konflikt Lessings, der tiefe Graben, den er zwischen Jesu geschichtlicher und übergeschichtlicher Existenz, also zwischen Historie und Glauben sah, aufgehoben.

Diese Offenbarungsdimension macht das Eingreifen des Auferstandenen in Ihr Leben jederzeit möglich. Für den Intellekt ist das wohl schwer zu fassen, wohl aber für den, dem Jesus durch den Glauben zu einer Realität geworden ist. Lebendiger Glaube schließt das Denken beileibe nicht aus, aber es ist zugleich Aufgeschlossenheit für das Handeln Christi im Alltag, d. h. Hellhörigkeit für sein Reden in Wort und Geist der Schrift, Erweckung aus dem Banne einer materialistischen oder atheistischen Denkweise. Der durch das existenzielle Dilemma, biblisch gesprochen die Sünde, verdunkelte Verstand wird durch die Gegenwart Christi im Geist erleuchtet.

Eine kurzschlüssige, intellektuelle Bemächtigung oder Vergewisserung des Auferstandenen durch eine biblische Doktrin ist deshalb nicht möglich. Sie können ja auch nicht einen Menschen, den Sie schätzen, in ein System bannen. Aber Sie können sich Christus öffnen durch eine aufgeschlossene Lektüre des Neuen Testaments wie durch ein Aufmerken auf sein Reden in Ihrem Leben und in unsrer Zeit! Überall in der Welt begegnen Menschen dem Auferstandenen: in Afrika, Asien, Europa, . . .!

Eines der stärksten Signale für die Auferstehung Christi ist seine umwandelnde Kraft, die sich schon am ersten Pfingstfest zeigte. Waren diese Jünger mit Petrus als Sprecher noch die eingeschüchterten Leute, die nur hinter verschlossenen Türen zusammengekommen waren? War das noch derselbe feige Mann, der nun die jüdische Hierarchie und damit indirekt seine Mitbürger zur Verantwortung für den Mord an Christus zog? Er war es offensichtlich nicht mehr! So können Sie das verändernde Wirken Jesu durch die Jahrhunderte weiterverfolgen bis hinein in unsre Tage, da das Durchhaltevermögen der Christen, besonders hinter dem »eisernen Vorhang«, geradezu phänomenal ist. Meinen Sie, die Untergrundkirche hätte die Kraft zum Widerstand gegen übermächtige Ideologien, wenn der Auferstandene sie nicht dazu befähigte, das alles in Gelassenheit, ja in Freude hinzunehmen und damit fertig zu werden?

Die größte Realität in dieser Welt der verkehrten Proportionen ist der gegenwärtige Christus. Mit ihm leben heißt doch wissen, daß er in allen Verlegenheiten dieser Zeit und meines kleinen Lebens raten und helfen kann und will, daß er auch die Angst vor der Zukunft nimmt, weil er immer »gleichzeitig ist mit uns«, und das bis ans Ende der Tage, selbst wenn uns bestimmt wäre, im atomaren Feuer umzukommen.

Dietrich Bonhoeffer hat in seiner engen Gefängniszelle in Berlin-Moabit in der Vorahnung seines gewaltsamen Todes durch ein verblendetes Regime jene todesüberwindenden Zeilen niedergeschrieben, die ihm nur die Verbundenheit mit dem Auferstandenen möglich machten:

Komm nun, höchstes Fest auf dem Weg zur ewigen Freiheit,
Tod, leg nieder beschwerliche Ketten und Mauern
Unsres vergänglichen Leibes und unsrer verblendeten Seele,
Daß wir endlich erblicken, was hier uns zu sehen mißgönnt ist.
Freiheit, dich suchten wir lange in Zucht und in Tat und in Leiden.
Sterbend erkennen wir nun im Angesicht Gottes dich selbst.[77]

Wenn ich nun im folgenden mein eigenes entscheidendes Christuserlebnis bringe, so kann ich es nur als eine Begegnung mit dem Auferstandenen sehen.

Schon als Kind war ich für Gott aufgeschlossen. Später

wurden die Religionsstunden bei einem Vikar, der im Feuer des ersten Weltkrieges zu Christus gefunden hatte, für mich ein Brunnquell der Kraft. Meine hungrige Seele sog die frohe Botschaft, die er uns brachte, geradezu in sich hinein. Mit dem jungen Theologen hielt ich auch Verbindung aufrecht, als er versetzt wurde. In dieser Zeit trat Jesus in mein Jungenleben. Manches wurde darüber anders. So gut ich konnte, versuchte ich das Erkannte an meine Klassenkameraden weiterzugeben.

Ein jüngerer Professor, wie man damals die Lehrer an den höheren Schulen nannte, versuchte, schöngeistige Interessen in mir zu wecken und zu fördern. Er wollte mich auch in einen entsprechenden literarischen Zirkel in Heidelberg, wo er herkam, einführen. Das lockte mich zwar, aber ich spürte auch, wenn ich diesem Sog nachgeben würde, daß es mir zu einer inneren Gefahr werden könnte und ich den Kontakt mit Jesus wahrscheinlich verlieren würde. So sagte ich ihm ab. Das war zwar eine Entscheidung für den, der mich in seine Nachfolge gerufen hatte, aber später vermochte ich doch der idealistischen Geisteshaltung, in der wir aufwuchsen, nicht zu widerstehen.

So begann ich, mein Leben in eigene Regie zu nehmen und mich für die Ideale der deutschen Klassik tu begeistern. Idealismus und Christus rangen um meine Seele. Stück für Stück verlor ich die Verbindung mit Jesus wieder und damit die Freude über seine Gegenwart, die mein einsam gewordenes Leben gerade erfüllt hatte, nachdem mein einziger Freund mit seinen Eltern nach USA ausgewandert war. Dafür griffen Traurigkeit und Skepsis nach mir. Heute weiß ich: ich hatte nicht alles auf den Tisch gelegt, ich hatte nicht das ganze Terrain meines Lebens an Jesus ausgeliefert. So mußte ich denn durch Jahre der Resignation und des seelischen und körperlichen Zerbruchs und infolgedessen schlechter Zensuren und schwerer Depressionen gehen.

Ich war radikal am Leben verzweifelt. Sechs bis sieben Jahre mußte ich durch diesen langen Tunnel der Vereinsamung und zermürbender Reflexionen gehen. Immer wieder versuchte ich, aus diesem sinnlos gewordenen Dasein auszubrechen, aber mit all meinem Nachdenken fand ich keinen Ausweg aus dieser heillosen Lage. Ich las manches, auch Nietzsche, besuchte Johannes Müller, den Pfarrer mit seiner Lebensphilosophie, in Elmau. Eine Zeitlang konnte er mir auch etwas helfen, aber die Ethik der Bergpredigt, wie er sie verstand, hielt der deprimierenden Wirklichkeit meines damaligen Lebens nicht stand. Wie sollte sie auch? Ich suchte ja nicht Ethik oder Philosophie, mir fehlte nur Jesus, den ich verloren hatte und es doch nicht recht wußte.

Inzwischen war ich vom Realgymnasium in das humanistische Gymnasium in Heidelberg übergetreten. Als ich auf einem meiner Spaziergänge wieder einmal über das Stauwehr ging, hieß es in mir: »Spring doch ins Wasser! Dann ist alles vorbei!« Ich tat's nicht. Hätte ich mein Leben vorzeitig beendet, was dann?

Unterdes war Weihnachten 1930 herangekommen. Mir war völlig klar: Wenn nicht ein Wunder geschieht, fällst du durchs Abitur! Ich entschloß mich deshalb, die Weihnachtsferien nochmals zu einer Erholung zu nützen, wozu mir der Arzt immer wieder riet. Aber ich hatte ja kein Geld! Damals verfügten die jungen Leute nicht über ein so hohes Taschengeld wie heute. So beschloß ich kurzerhand, meinen älteren Freund, der inzwischen Pfarrer am Kaiserstuhl geworden war, aufzusuchen, in der Hoffnung, daß er mir das fehlende Geld leihen würde, was er auch tat. Unerwartet traf ich ein. Kein Vorwurf! Wir gingen in sein Studierzimmer, ich legte mich auf seine Couch, um mich etwas auszuruhen. Mein Gegenüber begann das Gespräch:

»Nun willst du also wieder zu Johannes Müller? Willst den Rhythmus des Lebens und die Harmonie mit dem Unendlichen finden, wie man in Elmau sagt?«

Nach einer Pause fuhr er fort: »Und in deinem Leben ist es doch wie eine eiternde Wunde . . .«

Bei diesen Worten wurde ich hellwach. Mein Bewußtsein konstatierte: Der greift dich ja an! Aber ich war nicht in der Lage, mich zu verteidigen; denn etwas Unerwartetes geschah. Während ich mir noch eine eiternde Wunde auf meiner rechten Hand vorstellte, hörte ich den zu mir sagen, der mir ein Unbekannter geworden war: »Dein Leben ist eine Flucht vor Gott, eine einzige Sünde!«

Ich erschrak; denn ich merkte wohl, daß diese Erkenntnis oder Erleuchtung, die da über mich gekommen war, nicht meinen Gedanken entstammte, sondern einen anderen Ursprung hatte. Der Satz, der in meinem Innern stand, war ja auch eine Anrede. Es hieß: dein Leben . . .! Da begriff ich; Jesus spricht zu dir! Der Auferstandene ist's, der dir begegnet!

In Sekundenschnelle »sah« ich plötzlich mein Leben im Lichte der Ewigkeit. Ich verstand, daß ich ohne Jesus verloren war. Meine Absicht, Germanistik und Kunstgeschichte zu studieren, war also Flucht vor dem, der mich mit dreizehn Jahren zum Studium der Theologie bewogen hatte.

Ich konnte gar nicht anders, ich mußte ja sagen zu Jesus, der mich in dieser Stunde zum zweitenmal in seinen Dienst rief. Ich tat's. Im selben Augenblick erfüllte mich ein wundersamer Friede. Die Atmosphäre der Ewigkeit war in mein kleines Leben getreten. Und damit wich die Verzweiflung über mein sinnlos gewordenes Dasein der Gewißheit über die bleibende Nähe Christi. Alles wurde nun anders; denn ich hatte ja nun die Kraft gefunden, die mein Leben total veränderte, wenn sich das freilich auch nur schrittweise vollzog.

Als ich am nächsten Morgen nach Elmau fuhr, suchte ich aus innerem Interesse die Auferstehungskapitel im Johannesevangelium und las sie auch. Diese Berichte empfand ich wie einen Reflex meines eigenen Erlebens.

Später wurde ich Gemeindepfarrer. Meine eigentliche Aufgabe sah ich immer in der Seelsorge und erlebte es auch, daß ich Menschen den Weg zu Jesus zeigen konnte. Ich legte immer Wert darauf, einen Mitarbeiterkreis von lebendigen Christen um mich zu haben, der die Gemeinde- und zeitweilige Evangelisationsarbeit fürbittend trug. Seit meiner vorzeitigen Pensionierung aus Gesundheitsgründen geht es mir auf wundersame Weise körperlich besser. Ich halte da und dort evangelistische Wochen, spreche am Evangeliums-Rundfunk und bin literarisch tätig.

Ich kenne nichts Größeres, als ein Bote des Auferstandenen zu sein.

Die Frau eines Dozenten hat dazu folgenden Beitrag:

Schon mit 12 Jahren erfaßte mich eine große Liebe zu Jesus, ja ich kann sagen, es war die Liebe meines Lebens. Selbst als ich meinen Mann kennenlernte, änderte sich daran nichts.

Kurz nach meinem Lehrerinnenexamen heirateten wir.

Mein Mann war als schwerkriegsbeschädigter Theologe wissenschaftlicher Assistent an einer Hochschule. Nach einiger Zeit wurde er dort Dozent. Durch die Anstrengungen seiner wissenschaftlichen Tätigkeit verschlimmerte sich jedoch sein Kriegsleiden erheblich. Verständlicherweise wurde er darüber bitter, so daß er sagen konnte: »Wie habe ich das verdient!? Erst habe ich mich im Krieg zusammenschießen lassen, und nun glaubt mir niemand, daß ich nicht mehr kann! . . .«

Zu der leiblichen Not kam eine innere. Mein Mann war, wiewohl ursprünglich gläubig, durch das Studium Bultmannscher Theologie zum theologischen Rationalisten geworden. Zum Beispiel konnte er nicht mehr an die leibliche Auferweckung Jesu glauben. Sie stellte für ihn lediglich einen geistigen Prozeß dar. Die Treue Christi bis in seinen Tod bedeutete für ihn die Überwindung des Materiell-Irdischen durch den Geist analog dem Wort von Kierkegaard: »Das Leiden ist das schnellste Zugpferd zu Gott.« Die einzigartige Größe der Person Jesu war ihm verhüllt. Auch mit der biblischen Rechtfertigungslehre konnte er nicht viel anfangen.

Durch mein Christuszeugnis angeregt, das trotz all meinem Versagen ihn beeindruckte, fand er nach Jahren zum lebendigen Glauben. Natürlich spielten dabei auch unsere Freunde – ebenfalls Christen – eine Rolle. Diese innere Auseinandersetzung kostete ihn bei seiner angeschlagenen Gesundheit viel Kraft. Schließlich erkannte er doch, was ihm dabei im Wege stand: seine intellektuelle Arroganz. Es überkam ihn aufrichtige Reue darüber, und er fand zum Frieden mit Gott. Nunmehr konnte er auch seinen schweren Leidensweg und den frühen Tod unseres zweiten Kindes von Herzen bejahen.

Noch nicht vierzigjährig ist er gestorben. Sein letzter Lebenstag war ein Zeugnis für alle, die um ihn waren, Ärzte, Schwestern, Patienten und Verwandte. Nach Überwindung einer anfänglichen kreatürlichen Todesangst war er die letzten Stunden seines Lebens voller Freude auf die himmlische Herrlichkeit.

Ich selber mußte natürlich auch erst lernen, dieses plötzliche Auseinandergerissensein und die damit entstandene Einsamkeit innerlich anzunehmen. Unsere Tochter war ja schließlich erst sieben Jahre alt. Auch später hatte ich durch mancherlei Schwierigkeiten zu gehen, bis mein Leben so von der Gegenwart Christi erfüllt war, daß ich mich in ihm nunmehr als dem Vater der Witwen und Waisen voll geborgen weiß.

Hat die Kirche eine Zukunft?

Wo steht denn eigentlich geschrieben, daß die Christen nicht in der Minderheit, vielleicht sogar in einer sehr kleinen Minderheit sein dürften? Würden sie nicht auch ihrer Umgebung nützlicher sein, wenn sie dafür eine gesunde Kirche sein dürften? Und was hat nun eigentlich die Kirche davon, immer noch Volkskirche im heutigen Sinn des Begriffs: Kirche des Volkes, statt Kirche für das Volk zu sein!

Karl Barth[78]

Wenn die jeweilige Gestalt der Kirche die jeweilige Antwort Gottes auf die jeweilige Situation der Geschichte ist, dann steht es außer Frage, daß die Kirche von heute einer Reformation an Haupt und Gliedern bedarf. Wahrscheinlich stehen wir erst in den Vorwehen dieses Umbruchs, und wir werden nicht nur viel Demut, sondern noch mehr Tapferkeit brauchen, um in diesem Prozeß des Sterbens das Wagnis des Glaubens zu erkennen.

Eberhard Stammler

Das ZDF brachte vor einiger Zeit den Fernsehfilm »Sieben Tage«. 16 % der Bevölkerung haben ihn nach Angabe des Verfassers gesehen. Das Stück bringt nach der Erklärung des Autors R. Erler eine wirklichkeitsgetreue Analyse der kirchlichen Lage. Der Ausklang ist freilich in Moll. Unwillkürlich fragt man sich: Wo bleibt der helle Farbtupfer des Evangeliums in dem sonst so gekonnt geschriebenen Spiel? Warum ist die frohe Botschaft von Jesus, der doch die aussichtslose Situation eines resignierten Pfarrers verändern kann, überhaupt nicht entfaltet? Weiß denn der Verfasser nur zur Diagnose der kirchlichen Lage, aber nichts zu ihrer Veränderung zu sagen?

Damit sind wir bei dem Status quo der Kirche. 5 % der evangelischen Bevölkerung gehen in Deutschland im Schnitt noch zum Gottesdienst. Nach einer neueren detaillierten Untersuchung des »Instituts für Absatzforschung« in Wiesbaden, die der hessische Kirchenpräsident Hild in Auftrag gegeben hat, gehen 8 % fast jeden Sonntag in die Kirche, 16 % einmal im Monat und 22 % an Feiertagen.[78a] Ein Kommentator bemerkt dazu: »Immerhin wird zugegeben, daß bei 17 % der Mitgliederschaft eine ›latente oder manifeste‹ Austrittsbereitschaft vorhanden ist . . .«[79] und an anderer Stelle: »Die Selbstverständlichkeit der Kirchenmitgliedschaft scheint zu schwinden, was sich in den seit 1969 steigenden Kirchenaustrittsziffern ausdrückt . . .«[80]

In der katholischen Kirche soll die Zahl der Gottesdienstbesucher 20–50 % betragen. Berlin hat nur einen Kirchenbesuch von 9 %, das katholische Frankreich einen von 10 %, in den amerikanischen Freikirchen mögen es nach mündlichen Angaben 35–45 % sein. Trotz dieses nicht gerade erhebenden Gottesdienstbesuchs, verglichen mit der formellen Zugehörigkeit zur Volkskirche, sprechen offizielle Verlautbarungen davon, daß die »Gesellschaft noch überwiegend christlich sei«, weil zum allergrößten Teil noch nicht aus der Kirche ausgetreten. Man muß sich dabei tatsächlich fragen: Ist das einer gewissen Optik wegen nicht allzu rosarot gesehen? Selbst der Verfasser des obengenannten Fernsehstücks spricht demgegenüber von einer »ignoranten Gesellschaft, die sich nur noch dem Namen nach christlich nennt«.

Andere Stellungnahmen besagen, ». . . daß viele zur institutionellen Kirche ein zunehmend distanziertes Verhältnis haben.«[81] Oder: »Wir sehen uns dabei in eine Entwicklung hineingestellt, in der auf der einen Seite der Auszug aus den Kirchen – der evangelischen wie der katholischen – anhält, während andererseits weltweite Erneuerungs- und Erweckungsbewegungen sichtbar werden . . .«[82] Oder: »Dafür aber wächst unaufhaltsam die Gruppe derer, die sich innerlich von der Kirche lösen. Offenbar ist nicht so sehr aktueller Ärger über Kirchensteuern oder über politische Stellungnahmen von Pastoren oder Synoden, sondern die Entfremdung das Sprungbrett zum Kirchenaustritt. Nicht die öffentliche Absage, sondern die stille Abwendung ist die Bedrohung für die Kirchen. Das Interesse an religiösen Fragen und Ideologien nimmt in der Öffentlichkeit seit Jahren zu. Aber in gleicher Zeit sank das Interesse an der Kirche. Die Verbindungen zwischen der Kirche und den Menschen sind gestört . . .«[83]

Noch kritischer sind folgende Stimmen: Nach einer Umfrage unter Primanern im Ruhrgebiet äußerten sich diese dergestalt, was die Kirche mache, sei ihnen völlig schnuppe, »die könne Konzile machen, Akademietagungen halten, das alles sei längst passé . . .« So nach Klaus Vollmer, dessen Kommentar dazu lautet: »Der große Auszug hat begonnen!« [84] Noch radikaler hat sich der Staatssekretär für kirchliche Angelegenheiten in der DDR, H. Seigewasser, geäußert: »Das Problem der Kirche ist für uns bis 1980 gelöst.«

Diese vollmundige Erklärung ist verständlich, wenn man bedenkt, daß 1972 600 000 Personen aus den evangelischen Kirchen der DDR ausgetreten sind und 96 % der Jugendlichen nunmehr zur kommunistischen Jugendweihe gehen. »In Großstädten beträgt die Zugehörigkeit zur Kirche nur noch 20–30 %.«[85] Natürlich wird sich Herr Seigewasser gründlich verrechnen. Man braucht nur auf die Existenz der Untergrundkirchen in den Ostblockstaaten hinzuweisen. Aber, worin er recht haben könnte, betrifft das Weiterleben der Kirche als volkskirchliche Institution. Ohne geistliche Substanzerneuerung und erweckliche missionarische Arbeit wird sie nicht bestehen können. Aber es scheint so, daß auch in der DDR, jedenfalls in manchen Gegenden, sich ein Aufbruch zum Evangelium vollzieht. Ein Berichterstatter spricht denn auch von einer erstaunlichen »Familienatmosphäre« in den dortigen Gemeinden statt der vorherrschenden Kühle in den westlichen Kirchen und einer Aufgeschlossenheit, vor allem Jugendlicher, fürs Evangelium. Bevor wir diese statistischen Angaben verlassen, sei noch die Äußerung eines Berichterstatters vom Konzil der Jugend in Taizé zitiert: »Es gibt Länder, in denen die Kirchen mit den politischen und finanziellen Mächten verbunden bleiben. Aus ihrem Überfluß geben sie hohe Summen für die Entwicklung, aber sie ändern dadurch nicht ihre eigenen Strukturen. Viele beobachten dabei, daß allmählich das Leben aus ihnen entflieht und die Institutionen einem Leerlauf überläßt. Die Kirchen werden immer mehr von den Menschen unserer Zeit aufgegeben. Ihr Wort verliert ihre Glaubwürdigkeit.«[86]

Die säkularisierte Welt von heute mit ihrem Wohlstand und, wo er nicht besteht, nur um so akzentuierteren materiellen Interessen will von der christlichen Botschaft immer weniger wissen. Aber es gibt auch zuversichtliche Stimmen, wovon doch wenigstens noch folgende erwähnt sei: »Während der Auszug aus den Kirchen beider Konfessionen noch anhält, Amtsniederlegungen geradezu zum kirchlichen Alltag gehören, und die Priester- und Predigerseminare leerer werden, formieren sich gleichsam im

Gegenzug außerhalb der Kirchen weltweite Erneuerungs- und Erweckungsbewegungen, die sich an der Gestalt Jesu und des Heiligen Geistes orientieren.«[87]

Leider bestimmen – wie allgemein festzustellen ist – immer mehr bibelkritische bzw. marxistische Einflüsse in vielen Ländern der Bundesrepublik die neuen Richtlinien für den Religionsunterricht. Ist es nicht ein Zeichen für die Armut der Kirche, wenn ein nicht ganz geringer Prozentsatz der Pfarrer sich für gedankliche Anleihen beim Marxismus interessiert, der augenscheinlich all das viel besser kann als die Mitmenschlichkeitstheologie? Francis Schaeffer deutet diese Krise so: »Der moderne Theologe hat den einzigartigen unendlich-persönlichen Gott der biblischen Offenbarung und der Reformation verloren. Die liberale Theologie der derzeitigen Denkwelt hat nur ›Gott‹-Wörter als Ersatz.«[88]

Wie kritisch Laien z. B. denn auch über den kirchlichen Religionsunterricht denken, dafür die Stimme eines Mitarbeiters der Internationalen-Gideon-Vereinigung (Hotelmission) in einem Gespräch mit dem Verfasser:

»Der Religionsunterricht in Hessen ist kaputt, zum Teil durch modernistisch eingestellte Pfarrer, zum Teil durch rote Lehrer! Allein in Kassel gehen wir in 35 Haupt-, Realschulen und Gymnasien und bringen den Schülern die Botschaft von Jesus als unserem Versöhner und Befreier.«

»Und die Rektoren?«

»Die geben uns volle Freiheit, auch die sozialistisch eingestellten.«

Natürlich kann man sich fragen: Warum besucht der größte Teil der Bevölkerung nicht mehr den Gottesdienst? Gewiß, der Hunger nach einer Antwort auf die Lebens-

und Schicksalsfragen ist nicht mehr so vorhanden wie unmittelbar nach dem Zusammenbruch. Und doch werden viele von der Frage nach dem Sinn des Lebens umgetrieben und wenden sich enttäuscht zu der Drogenszene oder weltanschaulichen Orientierungen, nachdem sie vielleicht vergebens von einer abstrakten und lebensfernen Predigt eine Antwort erwartet haben.

Vielleicht hatten Sie auch selber schon bei gelegentlichen Gottesdienstbesuchen das Empfinden, daß viel zu wenig Prediger es verstehen, in ihrer Schriftauslegung eine Beziehung zu den aktuellen Fragen und Nöten, die Sie umtreiben, herzustellen, Sie also an Ihrem Standort nicht genügend »abgeholt« werden? Oder es kam dazu noch der Eindruck, daß die großen Wahrheiten der Schrift nicht mehr in Ihre jeweilige Situation übersetzt bzw. für den Alltagsgebrauch umgemünzt werden.

Michael Green zitiert einen Slogan, der diesen Tatbestand auf eine originelle, aber deutliche Weise zum Ausdruck bringt: »Die Kirche spricht chinesisch – nicht zu den Menschen, sondern über die Köpfe hinweg.«[89] Mit einem zeitgemäßen Bonmot ausgedrückt: »Opas Kirche ist tot!« Der säkularisierte Mensch versteht weder die Botschaft der Bibel, noch kann er mit den kirchlichen Einrichtungen viel anfangen; wessen er dringend bedarf, ist eben die Übersetzung des Evangeliums in seinen Alltag, ja seine Erwekkung aus dem Bann einer materialistischen und atheistischen Lebenshaltung durch die ›Wirklichkeit des Heiligen Geistes heute‹« (Theo Haug).

Warum diese Kritik bzw. die allgemeine Gleichgültigkeit der Kirche gegenüber?

Sind die Kräfte, die einmal das christliche Abendland ins Leben gerufen und geprägt haben, in den Kirchen zum großen Teil erloschen und übriggeblieben sind Formen, Ordnungen, Formulare, Stoffpläne und Dogmen, mit denen der heutige Mensch nicht mehr zu Streich kommt? Die moderne Theologie hat die Divergenz (Auseinanderklaffen) zwischen modernem Lebensgefühl und institutionellem Kirchentum vielleicht deutlicher gespürt als die Bekenntnisbewegung, aber sie hat die Sache am verkehrten Ende angefaßt und versucht, den Gaul vom Schwanz her aufzuzäumen. Sie hat ein Stück nach dem andern von der biblischen Botschaft abgestrichen, bis von der Substanz der Schrift nicht viel mehr übriggeblieben ist als das Bild von Christus als einem guten, selbstlosen Menschen, eben dem bekannten »Mensch für andere« nach Robinson. Dieses rationalistische Evangelium kann natürlich niemand helfen! Es gibt den wenigen, die sonntags ihre Kirche besuchen, die Woche über nicht die Kraft, auch zu tun, was sie gehört haben.

Vielleicht erinnern Sie sich, wie Jesus einige der großen Gestalten der Kirche mit seinem Geist erfüllte: Franziskus, Luther, Calvin, Wesley, Finney, Moody, Zinzendorf, Bodelschwingh, Watchman Nee. . . .? Sie hatten wahrhaftig auch ihre Probleme. Mit einem Mal wurden sie aber durch die Teilnahme an einem Gottesdienst, durch die Lektüre der Schrift oder sonstwie von Christus so gepackt und verändert, daß darüber der übliche abendländische Dualismus, das Nebeneinander von Denken und Glauben, Frömmigkeit und Alltagsbewältigung, Innerlichkeit und Weltverständnis aufgehoben wurde. Ihr Leben wurde darüber von einer geistlichen Dynamik erfüllt, so daß sie Gottes Dolmetscher an die Menschen ihrer Zeit wurden. Das gilt auch für unsere Tage, wenn Jesus einen von Grund aus revolutioniert.

Ist das der Fall, so wird die Schrift auf eine überraschende

Weise transparent für die Wirklichkeit Gottes, und die bisher unverstandenen sogenannten Dogmen werden zu Wahrheiten Ihres Lebens, ohne die Sie nicht mehr leben können! Nur auf diese Weise erfolgt eine Verlebendigung der Kirche, werden die Kirchen aus ihrer Erstarrung im Formalismus erweckt.

Ich weiß von jungen Menschen, die aus Beat-Kellern und von anderswoher zu Jesus gerufen wurden, weil missionarisch arbeitende Mitglieder von »Offenen Abenden« oder andern Aktivgruppen sie angesprochen haben. So finden jedes Jahr Tausende von jungen und älteren Menschen durch evangelistische Arbeiten in mancherlei Weise und persönliche Gespräche zum lebendigen Glauben und damit zu einem Leben aus der Kraft des Geistes.

Ob die Volkskirchen überleben würden, wenn eines Tages die Impulse des FDP-Kirchenpapiers zum Zuge kommen sollten? Wenn also die Kirche lediglich noch Vereinscharakter hätte, der Religionsunterricht aus dem allgemeinen Lehrbetrieb herausgenommen würde, die Freiwilligkeitstaufe anstelle der Kindertaufe treten, die Kirchensteuer nicht mehr vom Staat eingezogen würde und der Staat auch keinerlei finanzielle Zuwendungen an die Kirche mehr leisten würde!?

Wenn tatsächlich das konstantinische Zeitalter der großen Volkskirchen dem Ende entgegengeht, wäre es dann nicht besser, durch missionarische Verkündigung dafür zu sorgen, daß rechtzeitig die Traditionsgemeinden durch die erneuernde Wirkung des Heiligen Geistes verlebendigt würden? Allein durch Gebet, zentrale Christusverkündigung, Seelsorge, Aufbau lebendiger Haus- und Mitarbeiterkreise kann es zu einer solchen Erneuerung der Gemeinden kommen. In Indonesien vertieft sich deshalb die

Erweckung laufend, weil die verantwortlichen Männer um das Erweckungszentrum in Batu die frohe Botschaft von Jesus durch evangelistische Veranstaltungen in das 100-Millionen-Volk tragen. So werden geistlich tote Traditionsgemeinden durch die Kraft von Wort und Geist revolutioniert und mit neuem Leben erfüllt. In Deutschland ist der Evangeliums-Rundfunk ein vorbildliches Modell für eine vielfältige missionarische und zugleich seelsorgerliche Verkündigung. Erfreulich, daß ein so großer Prozentsatz (77 % der Bundesbürger) protestiert hat, als man sich mit dem Gedanken trug, das »Wort zum Sonntag« abzuschaffen. Aber eine allgemein-christliche Verkündigung tut's nicht! Es muß eine solche sein, die die Menschen mit Jesus konfrontiert, »die Christum treibt«, wie Luther sagt. Nicht alle Sprecher verstehen es, »Nägel mit Köpfen« zu machen.

Es gibt auch in Deutschland viele Neuaufbrüche: Rüst- und Lebenszentren, Bruder- und Schwesternschaften, missionarische Aktivgruppen, Bibel- und Missionsschulen mit erwecklicher Tendenz, ferner die Hausbibelkreisbewegung und die immer zahlreicher werdenden Gebetskreise an höheren Schulen sowie die Neubelebung von Gemeinden infolge von Evangelisationen und missionarischen Unternehmungen u. a. Sie alle leben mehr oder weniger in einer verbindlichen Bruderschaft und nehmen die urchristlichen Leitlinien des Gehorsams gegen die Schrift, eine gewisse Reduzierung des Lebenszuschnitts, ja zum Teil auch einen Verzicht auf die Ehe auf freiwilliger Basis auf sich. Das ist viel mehr als die Kirchen von ihren Mitgliedern je verlangen, und doch wird es erstaunlicherweise durch die Wirklichkeit des Heiligen Geistes realisiert.

Solche »Ordensburgen des Glaubens« (P. Le Seur) braucht gerade der moderne Mensch, der sich nach persönlichem Kontakt in seinem Großstadt-Dschungel sehnt und den oft nur in der Subkultur der Gammler findet.[90]

Was not tut, sind darum Zellen der Erneuerung in den Familien, Gemeinden und Pfarrkonventen. Gott will jeden engagierten Christen durch seinen Geist befähigen, auch ein Zeuge seiner Kraft in unsrer Zeit zu werden. Auch Sie brauchen die Ergänzung durch einen Partner, seine Korrektur, seinen Rat, ja seinen tatkräftigen Beistand, um ein Nachfolger Christi in unsrer Zeit zu sein. Und das nicht nur in Krisenfällen, sondern auch in den Normalsituationen des Alltags, in denen sich allzu leicht eine oft fragwürdige Selbstsicherheit einschleicht. Meist hat der Ehepartner dafür gar nicht den rechten Blick. Besser ist es darum, wenn ein anderer Christ, der objektiv uns und unsre Schwierigkeiten beurteilen kann, die neutestamentliche Regel: »ermahnet einander!« in einer selbstlosen Zuwendung zu uns realisiert. Aus solchen Zellen von zwei oder drei oder mehreren, die sich für die Sache Gottes verpflichtet wissen, kann allein die Verlebendigung von Gemeinde und Kirche kommen. Sie sind der Herd einer Erweckung.

Alles rein passive rezeptive Auftank-Christentum genügt für eine echt christliche, d. h. missionarische Existenz, nicht. Hier ist ein Umlern-Prozeß großen Ausmaßes im Lauf der nächsten Jahrzehnte fällig, je mehr die gewordenen frommen Formen in Frage gestellt werden und sich in der fortlaufenden Entchristlichung auflösen. Kann man sich denn in unsrer säkularisierten Zeit noch Pfarrer und Prediger denken ohne einen aktiven Mitarbeiterkreis aus erneuerten Christen, die den Mut haben, nicht nur sich selbst in Frage stellen zu lassen, sondern auch mit ihrem Gemeindeleiter ein offenes Gespräch zu führen?

Freilich vollziehen sich solche geistlichen Verwirklichungen der Natur der Sache nach nur in kleinen Gruppen. Das war immer so im Verlauf der Kirchengeschichte, daß aus kleinen, unscheinbaren Anfängen heraus ein Neues geschenkt wurde. Diese Gebets- und Mitarbeitergruppen sind darum keineswegs wegen ihrer bescheidenen Zahl als »Schlußlichter der Gesellschaft« anzusehen, sondern ganz im Gegenteil Brunnenstuben zu ihrer Erneuerung.

Kommt es nicht zu einer Konzentration der lebendigen Christen in einer Gemeinde, so läuft die beste biblische Verkündigung Gefahr, christliche Theorie zu bleiben, weil die Sammlung der erneuerten Glieder einer Gemeinde nach neutestamentlichem Vorbild fehlt. Die urchristlichen Hausgemeinden sind darum ein Gebot der Stunde (vgl. Apg. 2, 46; 16, 15; Röm. 16, 5 u. a.).

Auch die Volkskirche lebt von solchen Erweckungen! Sie sind Gottes Antwort auf den geistlichen Verarmungsprozeß, ja den gebietsweise bereits beginnenden Ausverkauf institutionellen Kirchentums. Warum sich nicht vielmehr diesem Reden Gottes in den geistlichen Neuaufbrüchen unsrer Zeit öffnen und damit der Gefahr einer tödlichen Erstarrung entgehen? H. Kemner schreibt in Anlehnung an Gedanken von Bezzel: »Es ist ihm ein dringliches Anliegen, daß Gott immer wieder Jünger aus erster Hand, wie Kierkegaard sagt, schenken kann. Die rechte Lehre ohne Leben ist der gefährlichste Selbstbetrug. Wo man im toten Traditionalismus und Institutionalismus seine Gläubigkeit wie ein Bauer seinen Sonntagsrock zur Schau stellt, schläft der Feind auf dem Kirchendach. Eine lebendige Kirche kommt mit einem Minimum von Ordnungen aus, weil der Heilige Geist die Lebensbewegung bestimmt.«[91]

Auch leitende Kirchenmänner wissen darum. So hat ein

süddeutscher Bischof erklärt: »Weil die Krise des Gottesdienstes die Krise des Glaubens ist, kann die Krise des Gottesdienstes nur durch eine Erweckung überwunden werden.«[92] Aber es genügt nicht, davon zu sprechen. Es kommt darauf an, ob man auch im Aufbau der Gemeinden danach verfährt. Es kommt wesentlich auf erneuerte Kirchengemeinderäte und Gemeindeleiter an. Natürlich kann man einen solchen Umwandlungsprozeß nicht rein organisatorisch vollziehen. Ein solcher Vorgang wird nicht ohne große Nöte und Spannungen vor sich gehen. Die entscheidende Frage ist, ob man alles tut, um dem Heiligen Geist im eigenen Leben, in Ehe und Familie, in Gemeinde und Kirche zum Zuge kommen zu lassen.

Vollzöge sich Schritt für Schritt eine Erneuerung der Kirche nach neutestamentlichen Vorbildern, so würden sich auch die Gottesdienste wieder füllen und statt der Atmosphäre der Leere würde sich eine solche der Geborgenheit und Nähe Gottes einstellen, nach der gerade der heutige Mensch so sehr hungert. Ein nur struktureller, organisatorischer Umbau der Kirchen ohne den erwähnten Umbruch wird den Leerlauf des institutionellen Kirchentums nicht aufhalten.

Weil auch im Großen alles auf die praktische Verwirklichung des Gehorsams gegen Gottes Weisungen in der kleinen unscheinbaren Perspektive des Alltags hinausläuft, darum zum Schluß noch dafür ein Beispiel. Die Frau des Leiters einer missionarischen Aktivgruppe berichtet folgendes:

»Eines unsrer Kinder saß im Alter von 16 Jahren ein Jahr lang in seiner Klasse neben dem Rauschgift-Dealer der Schule. Wir fragten uns: Was sollen wir tun? Sollen wir einen Platzwechsel verlangen? In der Stille wurde uns klar:

Redet nicht viel mit ihm darüber, aber traut Gott etwas zu.

Eines Tages fand ich in seinem Zimmer drei Röhrchen mit grünem Pulver. Nach meiner Vorstellung war es Haschisch. Es entspann sich folgendes Gespräch: ›Ist das Haschisch?‹ – ›Ja!‹ – ›Nimmst du Rauschgift?‹ – ›Wieso? Das habe ich mikroskopisch untersucht, um die verschiedenen Sorten kennenzulernen.‹ – ›Reizt es dich nicht, es zu probieren?‹ – ›Natürlich reizt es mich, und ich hätte es auch längst versucht, wenn ich nicht sehen würde, daß Ihr etwas habt, was mich noch mehr reizt.‹

Später habe ich ihn einmal gefragt: ›Was ist denn das, was dich am Leben deiner Eltern mehr reizt als das, was deine Kameraden tun?‹

Was er sagte, hat mich nachdenklich gemacht: ›Erstens, bei euch spielt das Geld keine so große Rolle. Du müßtest mal bei den Eltern meiner Freunde sein. Da geht es ständig um Geld, darum, was dies und was jenes gekostet hat. Zweitens habt ihr ein offenes Haus, in dem man ständig mit Menschen aus vielen Teilen der Welt zusammenkommt. Dadurch bekommen wir einen weiten Horizont und drehen uns nicht nur um uns selber. Und drittens habt ihr etwas, für das es sich zu leben lohnt: Gottes Willen für alle Menschen in der ganzen Welt. Das ist ein Ziel, das mich reizt.‹

Was wir an Liebe, Zeit und Vertrauen auf Vorschuß bei unsern Kindern investieren, das trägt Frucht. An ihnen zeigt sich am besten, ob wir Gott etwas zutrauen oder ob wir letztlich alles doch von uns selbst und unsern Qualitäten erwarten. Und Gott wird ihnen so real werden, wie er uns selbst ist.«[93]

Peter Howard sagt im Blick auf die Existenzkrise der Kirche wie folgt: »Wir stehen mitten in den stärksten Erschütterungen, die die Menschheit je ergriffen haben. Und auch sie haben erst begonnen. Diejenigen, die Gott in sein Grab treiben möchten, marschieren rücksichtslos und viel rascher vorwärts als wir. Wir müssen anders werden. Ich weiß, daß ich es muß. Ich möchte mehr wie Christus werden, alles Unnötige lassen und meine Arbeit mit Menschen vertiefen.«

Wo der Heilige Geist selbst neues Leben schafft und man ihn auch im Raum der Kirche zum Zuge kommen läßt, ist die Frage nach ihrer Zukunft beantwortet.

Als Beispiel für den erwecklichen Aufbruch unter jungen Leuten und deren erwachende Verantwortung für ihre Mitmenschen der Beitrag eines mir befreundeten jungen Lehrers, den ich gelegentlich einer missionarischen Arbeit kennenlernte:

»Ich bin in einer Familie aufgewachsen, in der ich vom christlichen Glauben nichts mitbekam. Doch in unsrer Nachbarschaft wohnte ein Junge, der in einen ›frommen Kreis‹ ging und der mich einmal mitnahm. Radtouren und Zeltlager interessierten mich sehr, und Kontakt zu gleichaltrigen Jungs hatte ich mir schon lange gewünscht. So ging ich also auch in diesen Klub. Mit der Zeit fing ich auch an, mich mit der Bibel zu beschäftigen und zu beten.

Zuerst dachte ich, Christsein bestünde nur im Einhalten bestimmter Normen. Mit dieser Auffassung bin ich auch überall gut gefahren. Sämtliche Leute, die mich kannten, hatten eine gute Meinung von mir.

Nach dem Abitur lernte ich Christen von einer mir ungewohnten Art kennen. Sie redeten von persönlicher Änderung, Verantwortung für die Gesellschaft und von absoluten Maßstäben, die wir als Christen im Umgang mit unsern Mitmenschen und vor Gott akzeptieren sollten. Durch den Kontakt mit diesen neuen Freunden wurde ich plötzlich mit meiner oft so hohlen Vergangenheit und Gegenwart konfrontiert. Meine Oberflächlichkeit und Selbstgefälligkeit stand wie ein Berg vor mir. Ich konnte nicht anders, ich mußte zu einem von ihnen gehen und meine mich belastende Vergangenheit loswerden. In diesem Gespräch habe ich zum erstenmal verstanden, was ›Beichte‹ und ›Buße‹ ist. Und nun das Überraschende: Mit einemmal machte ich nun mit Gott konkrete Erfahrungen. Jugendliche kamen mit ihren Problemen zu mir und suchten Hilfe. Sie kamen genau mit d e n Fragen und Belastungen, die ich selbst kurz vorher vor Gott in Anwesenheit eines christlichen Freundes ausgesprochen hatte. Nun sah ich auch unsere Gruppe in einer neuen Dimension: Gott hatte etwas mit uns vor! Er wollte seine Botschaft durch uns auf unsere Art und Weise Jugendlichen näherbringen!

Jetzt machte es wirklich Spaß, sich zu ändern und alte ungute Gewohnheiten loszuwerden. Das Leben mit Gott wurde interessant. In unsrer Stadt lebten wir in einer verbindlichen Jugendgruppe. Alle vier Wochen führten wir einen Offenen Abend für Außenstehende durch. Wir hatten eine verantwortliche Schau für die Jugendlichen in unsrer nächsten Umgebung erhalten. Nach einiger Zeit tauchte bei einigen Mitarbeitern der Gedanke an eine Wohngemeinschaft auf. Nach etlichen Monaten bekamen wir ›grünes Licht‹ für diesen Versuch des Zusammenlebens. Drei junge Männer aus unsrer Arbeit zogen in ein altes leerstehendes Haus. Wir wußten noch nicht genau, welche Konzeption Gott mit uns hatte. Wir waren gespannt, was daraus werden sollte. Wenn Menschen ihm gehorchen, kann er ja wundersam eingreifen.

Lange brauchten wir auch nicht zu warten. Schon nach zwei Wochen trafen wir auf einer unsrer Veranstaltungen einen Drogenabhängigen, der bereit war, sein Leben zu ändern. Wir nahmen ihn in unser Haus auf. Er blieb nicht der einzige. Manchmal lebten wir mit zwei oder drei Drogenabhängigen zusammen. In dieser Zeit habe ich selber anschaulich erfahren, wieviel Jugendliche mit sich und der Gesellschaft zerfallen sind und jegliche Orientierung in ihrem Leben verloren haben. Ich habe aber auch gesehen, wie Gott auf diese Problematik eine lösende Antwort geben kann. Das Wissen: Gott will dich gebrauchen, um anderen zu helfen, reißt mich jedesmal wieder aus gelegentlicher Lethargie heraus. Ich möchte für ihn deshalb immer brauchbarer werden. Seit ich unter seiner Führung lebe, bin ich zwar kein qualifizierterer Mensch geworden, ja ich habe eher mehr Schwierigkeiten mit mir als vorher, weil mir mein Charakter nicht mehr gleichgültig ist.«

Ein Beispiel für ein missionarisches Leben ist mir die Frau eines meiner Freunde. Schon als sie noch in Frankfurt wohnte, übte sie eine Art privater Telefonseelsorge aus. Leute aus dem ganzen Bundesgebiet, die sie kennengelernt hatten, riefen sie in ihren seelsorgerischen Anliegen an. Heute wohnt sie im Schwarzwald. Zuweilen geht sie mit 100-200 Verteilzetteln in eine nahegelegene Kurstadt, bietet sie den Kurgästen an und kommt so ins Gespräch mit ihnen. Neulich arbeitete sie bei einer Jugendevangelisation in einer Großstadt mit. Sie versteht es ausgezeichnet, Menschen auf der Straße in einer netten Weise anzusprechen und ihnen Mut zu einem Leben mit Gott zu machen. So ist sie an manchen Abenden dieser Woche durch die Stadt gegangen, zuweilen links und rechts eine Studentin am Arm, die sie später zu Jesus führen konnte. Oft kam sie erst nach Mitternacht nach Hause.

Auch ihre Mitarbeit auf Tagungen hat immer zur Folge, daß fragende und suchende Menschen sie ansprechen. Ich selber freue mich immer wieder über ihre erfrischende und originelle Art, Jesus den Menschen nahezubringen.

Anmerkungen

1 Pfarrer-Kalender 1974.
2 »Durchblick und Dienst«.
3 Ebenda, S. 90.
4 Billy Graham, Welt in Flammen, 1966, S. 45.
5 Nach einem veröffentlichten Manuskript von Dr. S. Ernst, Ulm.
6 Rhein-Neckar-Zeitung, vom 27. 7. 74.
6a Süddeutsche Zeitung, vom 3. 12. 74.
7 Faltblatt, herausgegeben von Pastor Johs. Hansen, Witten.
8 Die Zeit, vom 29. 3. 74.
9 J. Jeziorowski, Studenten im Aufbruch, 1968, S. 26 f.
10 Evang. Soziallexikon, 1954, Beitrag von Erich Thier.
11 K. Marx, Zur Kritik der Hegelschen Rechtsphilosophie, nach W. Bienert: Der überholte Marx, 1974, S. 43.
12 Ebenda, S. 43.
13 V. Gardavsky in Die Religion der Religionskritik, 1972, S. 60.
14 Ebenda, S. 43.
15 Siehe unter Nr. 11, S. 44.
16 Sendung des Evangeliums-Rundfunks vom 15. 10. 74: Christen und Marxisten auf der Suche nach dem neuen Menschen, Manuskript S. 2.
17 Ebenda.
18 Siehe unter Nr. 11, S. 44.
19 Walther Bienert, Der überholte Marx, 1974, S. 91.
20 Ebenda, S. 144.
21 Ebenda, S. 291.
22 Ebenda, S. 204.
23 K. Marx, Auswahl und Einleitung von Franz Borkenau, S. 7.
24 Ebenda, S. 107.
25 W. Bienert, a. a. O., S. 207.
26 Evang. Kommentare, 1972, S. 530.
27 H. Gollwitzer, Die kapitalistische Revolution, 1974, S. 69.
28 Ebenda.
29 A. Solschenizyn, Offener Brief, 1974, S. 42.
30 Ebenda, S. 43.
31 Vgl. Nr. 26, S. 531.
32 W. Bienert, a. a. O., S. 249.
33 W. Bienert, a. a. O., S. 250.
34 Deutsche Zeitung, vom 20. 8. 71, S. 17.
35 Karl Rahner, Kritisches Wort, Herder-Taschenbuch, 1970, S. 84.
36 Deutsche Zeitung, vom 8. 9. 72.
37 Ebenda.

38 Deutsche Zeitung, vom 8. 9. 74.
38 a Maximow in einem Interview, nach Evang. Digest, Juli 1974.
39 Keith Bill, Sie suchten das Glück, 1971, S. 79.
40 Die Zeit, Juni 1974.
41 Francis Schaeffer, Preisgabe der Vernunft, 1973, S. 54.
42 7 Tage, Manuskript für einen Film von Rainer Erler, Vorwort.
43 Aktionsbrief Nr. 5, Herausgeber: Dr. Dr. Gg. Huntemann, Bremen.
44 Friedrich Hahn, Bibel und moderne Literatur, 1966, S. 205.
45 Friedrich Komoss, Der neue Mensch, 1973.
46 Ebenda.
47 Nach: Rheinischer Merkur, vom Juli 1974.
47 a Francis Schaeffer, a. a. O., S. 81.
48 Neues Testament, Matth. 7, 13–14.
49 Karl Barth, Kirchliche Dogmatik.
50 Keith Bill, Sie suchten das Glück, 1971, S. 120.
51 N. T., Joh. 14, 6.
52 Hans Rohrbach, Naturwissenschaft, Weltbild, Glaube, 1973, S. 100.
53 Nach: A. Richter, Stationen, 1973, S. 44.
54 Pfarramtskalender 1974.
55 M. Green, Es komme mir keiner mit Tatsachen, 1973, S. 109.
56 Matth. 5, 22. 28. 32. 39. 44.
57 Vgl. unter Nr. 13, S. 64.
58 N. T., Luk. 20, 37–38.
59 Joh. 8, 58; 10, 30.
60 N. T., Matth. 26, 63. 64; Joh. 5, 25 u. a.
61 Jesaja 53, 3. 5.
62 Vgl. Nr. 53, S. 47.
63 Tacitus, Annalen.
64 S. Rothenberg, Christsein heute, 1959, S. 63.
65 Vgl. Nr. 44, S. 204.
66 In: Die Habichte.
67 Zitiert nach Fr. Komoss, Der neue Mensch.
68 N. T., Mark. 7, 21–22.
69 Bill Bright, Die letzte Revolution, 1973, S. 52.
69a Vgl. das Kapitel »Ampel rot« im Taschenbuch des Verfassers »Grünes Licht im Alltag«, erschienen im Verlag der St.-Johannis-Druckerei C. Schweickhardt, Lahr-Dinglingen.
70 Vgl. Nr. 50, S. 67.
71 N. T., Matth. 5, 21. 22.
71a Joh. 3, 3 ff. u. a.
72 Röm. 6–8.
72a 1. Kor. 9, 27; Phil. 3, 13–14.
73 N. T., Röm. 8, 2.
73a Dr. Gerhard Maier, Das Ende der historisch-kritischen Methode, 1974, S. 18.

74 Wilhelm Gottwald, Wissenschaft contra Bibel, 1973, S. 83.
74a Ebenda, S. 84.
75 Ebenda, S. 84.
76 Siehe Nr. 52, S. 129.
77 Aus: Dietrich Bonhoeffer, Widerstand und Ergebung, 1952, S. 257.
78 Heinrich Hermann Ulrich, Die kirchliche Lehre von der Taufe, 1953.
78a Nach einem Bericht von G. Blail in »Weinheimer Zeitung« vom 11. 9. 1974.
79 Heinrich Hermann Ulrich in »Das missionarische Wort«, 1974, S. 224.
80 Ebenda, S. 219.
81 Projektgruppe Glaubensinformation in Zusammenarbeit mit Prof. Thielicke, Nr. 1.
82 Ökumenische Nachrichten aus Schloß Graheim, 1974.
83 Frankfurter Allgemeine Zeitung, vom 15. 10. 74.
84 Klaus Vollmer, »Nachdenken, Umdenken, Neudenken«, 1973, S. 46.
85 Vgl. unter Nr. 79, S. 212.
86 Deutsches Pfarrerblatt, 1974.
87 Aus einer Besprechung über »Erfahrung und Theologie des Heiligen Geistes« von Claus Heitmann/Heribert Mühlen.
88 Vgl. unter Nr. 41, S. 74.
89 Vgl. unter Nr. 55, S. 107.
90 Vgl. »In der Mannschaft leben« in »Grünes Licht im Alltag«, S. 71.
91 H. Kemner, Christus oder Chaos, 1959, S. 88.
92 Mitteilungen für die Badische Landeskirche, 1974, S. 22.
93 Offensive, 1974, S. 75, Zeitschrift der O.J.C., Bensheim.